"어떤 지역에 교회를 개척하는 것은 기도와 금식으로
이루어진다고 결론을 내려도 정당하다." - 데렉 프린스

금식,
당신이 잃어버린 황금열쇠

마크 나이스윈더 지음 · 박갑용 옮김

라이트 하우스

Copyright © 2002 Mark Nysewander
Originally published in English under the title
"The Fasting Key"
Published by Sovereign World Ltd.,
Ellel Lancashire, LA2 OHN, United Kingdom
All Rights reserved.

Korean edition published by Lighthouse
1114 Hyundai B/D, 35-1 Mapo-dong Mapo-gu, Seoul, Korea
Translated and published by permission
Printed in Korea. 2012.

금식,
당신이 잃어버린 황금열쇠

마크 나이스윈더 지음 · 박갑용 옮김

라이트 하우스

차례

들어가기 ... 7

Chapter 1. 잃어버린 열쇠 ... 11

Chapter 2. 쓸모없는 열쇠 ... 21

Chapter 3. 마스터키 ... 32

Chapter 4. 계시의 문 ... 41

Chapter 5. 치유의 문 ... 51

Chapter 6. 거룩함을 위한 문 ... 62

Chapter 7. 보호의 문 ... 73

Chapter 8.   응답의 문   83

Chapter 9.   임재의 문   93

Chapter 10. 구원의 문   104

Chapter 11. 인도의 문   114

Chapter 12. 공급의 문   125

Chapter 13. 기름부음의 문   135

Chapter 14. 회복의 문   147

Chapter 15. 닳아진 열쇠   157

들어가기

하나님이 주신 과제

스티브는 마약에 중독된 히피로 시드니 외곽 이동주택 단지에서 살고 있었다. 어느 날 스티브는 트레일러 계단에 앉아있었는데 처음 보는 차가 근처로 오는 것을 발견했다. 그 차에서 어떤 노부부가 내리면서 크게 외쳤다. "하나님을 경배하라!" 노부부는 스티브에게 다가와서 자기들이 찾는 어떤 여자에 대해 설명했다. 그들은 그 여자에게 먹을거리와 옷들을 나눠주고 싶다고 했다. 스티브는 그 이야기를 듣고 그 여자가 사는 곳을 손짓으로 알려주었다. 스티브는 의아해하며 그들에게 정부 복지기관에서 왔는지 물었다. 그 노인은 웃으며 아니라고 했다. 그는 금식기도를 하던 중이었다고 설명해 주었다. 하나님이 환상 중에 그에게 어떤 여자와 그녀가 사는 이동주택단지를 보여주셨다. 그는 그 여자를 만난 적도 없고 그 이동주택단지에 와 본적도 없었다. 하지만 이 노부부는 금식을 통해 본 환상에 대한 순종으로 수백 마일을 운전해서 온 것이다.

그날 밤 그 부부-헨리와 무랄 갤러스(Henry 와 Mural Gallus)-는 야외에서 간단한 파티를 열었고 스티브와 그의 친구들을 초대했다. 스티브는 파티 장소 쪽으로 걸어가면서 이상한 점을 발견했다. 동서남북 모든 곳이 비가 내리고 있었지만 그들이 있는 곳에는 비가 내리지 않고 있었다. 스티브는 헨리에게 이게 무슨 일이냐고 물었다. 헨리가 설명해주었다. 파티를 함께하며 복음을 나눌 수 있도록 비를 멈춰달라고 하나님께 부탁했다는 것이다. 그는 스티브와 친구들에게 예수님에 관해 나누고 싶어 했다. 그날 밤이 지나기 전에, 스티브는 부엌 바닥에 무릎을 꿇은 채 자기 죄를 용서해달라고 예수님께 울부짖으며 기도하고 있었다. 헨리는 스티브 옆에서 같이 울고 있었다.

금식이 내 삶에 들어오다

10년 후 나는 스티브를 만나게 되었는데 그의 부인과 딸들까지 온 가족이 켄터키주의 윌모어시로 이주할 때였다. 그곳에서 그는 애즈버리 신학대학을 다녔다. 스티브는 그

노인친구 헨리가 77세에 소천하기 전까지 어떻게 금식생활을 했는지 자주 이야기하곤 했다. 스티브는 헨리가 50년 이상 되는 자신의 신앙생활을 기록한 일기장을 가지고 있었다. 이 일기장에는 오랜 기간에 걸친 금식의 경험들이 기록되어 있다. 그리고 자신의 금식기도에서 받은 응답으로 겪은 여러 가지 경험들도 기록되어 있다.

헨리가 온 호주에 걸쳐 주님을 위해 한 놀라운 일들에 대해 스티브에게 들을 때마다, 나는 점점 더 금식에 관심을 갖게 되었다. 스티브가 헨리의 가르침을 담은 녹음테이프를 빌려 주었다. 그리고 성경에 금식에 대해 그렇게 많이 언급된 것을 알고 깜짝 놀랐다. 이것은 신학적 논제가 아니었다. 금식은 영적인 삶에 절대적으로 필요한 요소였다. 나는 곧 교회 역사와 하나님의 백성의 삶을 통해 금식을 보기 시작했다. 내가 처음 스티브를 만났을 때부터 지금까지 나의 주님과의 동행에 있어 금식은 중요한 부분이 되었다. 어떻게 그렇게 오랫동안 수많은 축복을 여는 이 열쇠 없이 살았는지 아직도 놀랄만한 일이다.

부흥은 어느 곳에서나

나는 지구 반대쪽에 사는 어떤 분에게 큰 빚을 지고 있다. 헨리 갤러스. 금식에 대한 그의 헌신으로 인해 나는 금식의 삶을 살게 되었다. 내가 이 책을 쓰고 있는 지금, 당신도 놀랄만한 천국의 자원들을 여는 이 잃어버린 열쇠를 찾게 될 것이라고 확신한다. 하나님께서 금식의 전사들을 높이 들어 쓰셔서 전 세계에 부흥의 문을 열게 할 것이다! 헨리 갤러스는 금식의 열쇠가 그러한 축복을 열어준다고 확신했다. 그가 이렇게 쓴 적이 있다. "수백만의 크리스천들이 기도나 구제만큼 금식을 진지하게 생각한다면, 몇 주 만에 의로움의 물결이 온 세계를 휩쓸어 방방곡곡에서 부흥이 일어날 것이다."

당신도 금식을 통해 전 세계에 걸친 부흥의 연쇄적인 반응을 불붙일 그 수백만 중의 한 사람이 되기를 기도한다.

하나님께 영광을!

마크 나이스원더

Chapter 1
잃어버린 열쇠

"그러나 신랑을 빼앗길 날이 이르리니
그날에는 금식할 것이니라"
(마가복음 2장 20절)

잃어버리고 잊어버린

나는 보통 여러 열쇠들을 묶은 열쇠꾸러미를 하나 가지고 다닌다. 그 각각의 열쇠로 우리 교회의 문들을 하나하나 열 수 있다. 하지만 불행하게도 서양의 교회들은 아주 중요한 열쇠 하나를 잃어버렸다. 그 열쇠는 믿음을 가진 크리스천들이 필수적 자원들이 있는 방의 문들을 열 수 있는 열쇠다. 이사야 58장에서는 이 잃어버린 열쇠와 이 열쇠가 우리를 위해 보여 줄 수 있는 천국의 자원들에 대해서 노래하고 있다. 그 자원들 중에는 이런 것들이 있다-보호, 계시, 섭리, 부활, 하나님의 임재, 구원 그리고 훨씬 더 많은 것들.

당신과 나는 이 열쇠를 잃어버렸을 뿐만 아니라 오랫동안 사용하지 않아 우리는 이 열쇠의 존재조차도 잊어버렸다. 당신이 지금까지 기도를 한 번도 안 해봤다고 생각해보자. 한 걸음 더 나아가, 기도해본 적도 없을 뿐더러 기도가 무엇인지 그 존재조차 잊어버렸다고 생각해보자. 어떠한가?

마태복음 6장에서 예수님께서는 우리가 천국의 삶을 살기 위해 꼭 필요한 열쇠 세 가지에 대해 말씀하고 계신다. 그 중 하나는 기도이고, 또 하나는 베풂이다. 이 둘은 우리가 흔히 쓰는 열쇠들이다. 하지만, 천국의 보물창고를 여는 세 번째 열쇠는 잃어버리고 말았다. 소수의 사람들만이 이 열쇠를 아주 가끔 사용하고 있다. 이 열쇠를 잃어버린 이유에는 몇 가지 오해가 있다. 이 오해들로 인해 우리는 이 열쇠가 우리 삶에 쓸모도 없고, 위험하고 때로는 어리석은 것이라고 속고 있다. 세 번째 열쇠는 바로 금식이다. 금식이라는 이 마지막 열쇠를 당신이 쓰지 못하게 막고 있는 이 오해들을 깨달아 알 수 있는 분별력을 주님이 주시기를 기도한다.

과거의 유물

금식에 대한 가장 큰 오해 중 하나는, 금식이 단지 오래된 종교적 관례의 유물에 지나지 않는다는 것이다. 그러므로 오늘 이 시대에 우리에게 금식이라는 것은 아무 가치가 없다는 것이다. 이 잘못된 생각에 의하면, 금식은 어떤 지역의 어떤 사람들이 치르는 원시적 종교의식으로 간주된다. 그러므로 현대의 진보적 신앙생활과는 아무 관계가 없다. 우리는 이미 그런 틀을 넘어와 있다.

세계적으로 크게 부흥한 한 교회를 찾은 방문객들이 그 교회의 성도들에게 물었다. "이 교회가 이렇게 성장할 수 있었던 비결이 무엇인가요?" 그들의 대답은, 금식과 기도였다. 금식과 기도를 통해 교회의 부흥을 이끌었다고 했다. 하지만 방문객들은 계속 추궁했다. "네, 하지만 그것들 말고 또 다른 것을 해서 이렇게 부흥하지 않았나요?" 우리는 금식이 천국의 보물들을 내보낼 수 있는 극히 중요한 열쇠라고 믿지 못하고 있는 것이다. 우리는 그 사실을 조사하는 것도 거부하고 있다. 우리 중 많은 사람들이 금식 외에 다른 것들이 그 일을 해낸다고 생각하고 있는 것이다.

금욕은 금식이 아니다

금식에 대한 두 번째 오해는 모든 금욕은 금식과 같다는 것이다. 만약 당신이 성생활, 텔레비전, 초콜릿, 혹은 축구를 금욕하면 금식하는 것과 같은가? 절대 아니다! 그것은 금욕일 뿐이지 금식은 아니다. 금욕은 분명 우리의 영적 신앙생활에서 가치가 있다. 하지만 이를 금식이라고 부를 수는 없다. 구약성서에 보면 금식이란 단어는 "입을 가리다"는 의미를 지니고 있다. 신약성서에서는 "먹지 않는다"는 의미를 갖고 있다. 따라서 성경적 금식이란 먹지 않고 지내는 것이다.

또 하나의 극단적 오해 중 하나는, 아무 때나 아무 것도 먹지 않으면 금식이라고 믿는 것이다. 이것 또한 틀렸다. 먹지 않는다고 모든 것이 다 성경적인 금식은 아니다. 만약 당신이 다이어트 중이거나, 신경성 식욕부진을 앓고 있는 환자이거나, 건강을 위해 혹은 단식투쟁으로 먹지 않는 것을 금식한다고 생각하면 착각이다. 이러한 경우는 모두 성경에서 말하는 금식이 아니다. 단순히 음식을 삼간다고 해서 성경적인 금식은 아니다.

그렇다면 그 잃어버린 열쇠는 어떤 것인가? 금식이란 정해 놓은 일정한 시간 동안 먹지 않는 것이다. 그 약속은 당신과 하나님 사이 또는 당신과 다른 성도 사이에 하는 것이다. 그리고 하나님의 영광을 위하여 하는 것이 가장 중요한 부분이다. 금식이란 정치적이거나 종교적인 표현이 아니다. 살을 빼기 위해서 하는 것도 아니다. 몸에 있는 독소를 빼기 위해서 하는 것도 아니다. 이것들은 금식하는

가운데 일어날 수 있는 일들이다. 하지만 금식이란 하나님의 영광을 우리 삶에, 교회 안에, 공동체 안에 빛날 수 있도록 하는 것이다.

금식을 하게 되면, 물도 마시지 않는 극단적 금식이 아닌 이상, 물은 계속 마시도록 하라. 만약 극단적인 금식을 하게 된다면 물을 안마시고 3일 이상 하는 것은 삼가라. 초자연적 금식이란 사람이 물도 음식도 없이 3일 이상 하는 것이다. 모세는 이것을 40일 동안 두 번 했다 (신명기 9장 9절, 18절). 이것은 기적이며 사람의 판단과 힘으로 절대로 하지 못하는 것이다.

명령인가 선택인가

또 하나의 오해는 금식의 필요성에 관한 것이다. 많은 사람들에게 금식이란 활기도 없고 기쁨도 없는 무겁고 부담스런 법적 명령으로 여겨진다. 하지만 이 세상에 계셨을 때 예수님께서는 금식을 꼭 지켜야할 법으로 만드는 것을 반대하셨다. 마가복음 2장 18절부터 20절을 보면, 예수님과 제자들이 왜 다른 종교집단들처럼 금식을 하지 않느냐는 질문을 받았다. 예수님은 지금은 금식할 시간이 아니라고 답하셨다. 지금은 잔치를 열어야 할 시간이라고 말씀하셨다. 금식이란, 기쁨과 잔치를 즐겨야 할 시간을 없애버리는 희생을 해가며 지켜야 할 법은 아니다. 예수님께서는 금식할 때 잔치를 벌이는 것이 죄인 것처럼, 잔치할 때 금식하는 것도 죄라고 여겼다. 만약 금식이 법적으로 무거운 의무가 된다면 이것은 성경에서 말하는 금식이 아니다. 반면, 대부분의 크리스천들은 종종 금식이 기독교인의 선택사항이라고 생각하고 있다. 그들은 금식이란 세족식이나 성경에 나오는 다른 선택적 경험과 같은 수준으로 여긴다. 그렇게 생각하고 있는 금식이 그저 하나의 선택사항이 아니라 보다 더 큰 아주 중요한 것이 될 수 있을까?

영국의 위대한 부흥 운동가 존 웨슬리는 금식을 선택사항으로 보지 않았다. 그는 "금식을 하지 않는 자가 천국에 갈 수 없음은 기도를 하지 않는 자와 다를 것이 없다"고 하였다. 웨슬리는 천국에 가는 방법으로 금식을 제안하는 것이 아니다. 금식은 예수님이 가르치신 구원의 열매 중 하나라는 것이고 이는 예수님의 산상수훈을 가리키는 것이다. 예수님은 그 위대한 가르침에서 우리가 금식에 대해 선택권을 가진 것처럼 "네가 만약 금식한다면(If you fast)..."이라 말씀하시지 않는다. 예수님은 "네가 금식할 때에(When you fast)..."라 말씀하신다(마태복음 6장 16절). 예수님에게 금식이란 기도와 구제처럼 당연한 실천사항이었다. 금식에 대한 선택이란 없는 것이다.

금식은 열정이다

만약 금식이 명령도 아니고 선택도 아니라면 무엇일까? 예수님께서 말씀하셨다.

"그러나 신랑을 빼앗길 날이 이르리니 그 날에는 금식할 것이니라" (마가복음 2장 20절)

우리는 지금 그 날에 살고 있다. 예수님은 육체적으로 이 땅을 떠나 안 계시고 천국에서 하나님 우편에 앉아 계신다. 예수님께서 금식이 선택사항이라 제안하고 계시지 않는다는 사실을 주목하라. 이 시간에 "금식할 것이니라"고 말씀하셨다. 예수님의 제자들은 지금 계시지 않는 신랑에 대한 뜨거운 사랑으로 금식을 하는 것이다. 금식은 지금 없는 그 신랑과 교감하는 수단이다. 예수님이 이 땅에 계셨을 때는 예수님과 교제하기 위해 금식은 하지 않아도 되었다. 하지만 지금은 금식을 통해 예수님을 알아가는 것이다.

당신은 구원받아 다시 태어났기 때문에 예수님이 언젠가 성령을 통해 당신을 금식으로 이끄실 것이라 확신하고 있다. 당신이 금식을 해야 하는 의무 때문도 아니고, 금식이 크리스천의 선택사항이기 때문도 아니다. 당신은 예수님에 대한 열정을 가지고 금식을 하는 것이다. 예수님은 당신에게 모든 것이기 때문에.

금식은 결실을 맺는다

금식의 결실에 대한 또 하나의 오해가 있다. 금식은 엄청난 천국의 자원들을 당신의 삶에 가져다준다. 하지만 우리의 적들은 금식을 함으로써 당신에게 오는 이득 따위는 없다고 오해하게 만든다. 음식을 안 먹는다고 우리의 신앙생활에 무슨 연관이 있겠는가? 당신은 이것을 명확하게 알아야한다. 금식을 하면 반드시 결실을 맺게 되어있다! 마태복음 6장 18절에서 예수님은 은밀히 금식하는 자는 하나님 아버지께서 분명히 갚으신다고 약속하셨다. 금식을 하면 주님께서 당신의 삶에 천국의 보물들을 더하신다는 것을 기대하라.

또 하나의 오해는 그 결실이 항상 당신이 원하는 대로 즉각 나타난다고 믿는 것이다. 결실은 올 것이다 하지만 그것은 항상 즉각 오거나 예측 가능한 것은 아니다. 때로는 결실이 서서히 올 수도 있고, 금식에 점점 더 헌신할수록 다양하게 올 수도 있다. 하나님은 분명히 당신의 금식에 응답하신다. 아마 당신이 처음에 기대했던 시간이나 방법이 아닐 수도 있다. 하지만 하나님은 눈에 보이는 상급을 주실 것이다. 이런 하나님의 보물들은 단 한 번의 금식보다는 금식의 삶을 통해서 나타난다는 것을 명심하라.

축복의 소나기

결실은 오기 때문에 항상 준비하라. 금식이란 이 엄청난 천국 자원의 방문을 열 수 있는 열쇠이다. 인도의 순회 선교사 사두 순다르 씽은 이 사실을 발견했다. 그가 한번은 사십일 금식을 통해 주 예수 그리스도를 새롭게 인식하는 계기가 된 경험을 간증했다. 씽은 인도에 대해 얘기하면서 인도에는 오랫동안 비가 오지 않는 무더운 기간이 있다고 했다. 그 무더운 기간 후 첫 비가 오면 온도가 높아져 먼지와 섞여 아주 더운 안개가 형성된다. 이는 질식할만한 느낌을 주는 정도가 된다. 하지만 비가 계속되면 더운 안개나 질식감 같은 느낌들은 사라지게 된다. 씽의 간증에 의하면 그는 첫 은혜의 소나기를 맞고 개종했을 때는 혼란에 빠졌고 바깥세상으로부터 오는 질식감에 휩싸였다고 한다. 그 때 그는 금식하였다. 그리고 그 다음에 찾아온 축복의 소나기를 맞게 되었다. 그는 영적인 것들에 대해 더 큰 이해를 하게 된 것이다. 그는 주 예수 그리스도를 더 깊이 경험하게 된 것이다.

금식은 선택사항도 아니고 의무사항도 아니다. 금식이란 영적 축복을 위한 은혜의 수단이다. 당신을 금식으로 인도할 수 있도록 성령에게 기회를 주라. 당신에게 하나님의 존재하심과 은총을 느끼게 해줄 수 있는, 하지만 오랫동안 잊고 있었던 이 열쇠를 발견하라. 이 선교사가 깨달은 것과 같이 금식은 주 예수 그리스도와의 더 깊은 교제로 이끌 것이다. 결국 주님은 당신이 가진 최대의 축복이다.

Chapter 2
쓸모없는 열쇠

"너희의 오늘 금식하는 것은
너희 목소리로 상달케 하려 하는 것이 아니라"
(이사야 58장 4절)

불량한 열쇠

언젠가 한 번, 나는 어떤 문에 맞는 열쇠 하나를 복제했다. 그 복제된 열쇠는 원본과 아주 흡사하게 만들어졌다. 하지만 그 새 열쇠를 사용하려 했을 때 문이 안 열렸다. 그 열쇠에 아주 사소한 결함이 있어서 작동이 되지 않은 것이다. 복제된 열쇠와 원본 열쇠는 똑 같이 생겼지만 그 사소한 차이는 복제된 열쇠를 무용지물로 만들만큼 충분한 차이였다. 그 열쇠로는 문이 안 열린다.

금식은 천국에 들어갈 수 있는 잃어버린 열쇠이다. 하지만 그 열쇠 중에서도 불량한 열쇠는 있을 수밖에 없다. 그러한 금식은 진정한 금식처럼 보이지만 결함이 있기에 천국의 모든 자원을 열 수 없게 된다. 불량한 금식이란 불량한 동기에 의해서 하는 것이다. 불량한 동기가 그 열쇠의 결함이 된다. 성경에는 71가지의 금식의 예와 금식에 대한 이야기가 있는데, 그 중 7개는 불량한 금식의 예이다. 이것들이 불량한 열쇠로서 천국의 자원들을 열 수 없는 열쇠들이다. 이사야 58장은 불량한 금식의 특징에 대해 묘사하고 있다. 내가 처음 이 특징들을 읽었을 때 들었던 생각은, 불량한 금식을 피하는 방법은 금식을 하지 않는 것이라는 것이다. 하지만 성경은 우리에게 금식을 피하라고 말하지는 않는다. 성경은 우리에게 피해야 할 금식의 종류를 알려주고 있을 뿐이다. 그렇다면 금식을 무용지물로 만드는 그 불량한 동기들은 어떤 것들일까?

이미지를 위한 금식

다른 사람들에게 종교적으로 경건하게 보이기 위해 금식하지 말라. 이사야 58장 2절에 불량한 금식의 예를 보여준다. "그들이…나의 길 알기를 즐거워함이(they seem eager to know my ways)…하나님과 가까이 하기를 즐겨하며(they…seem eager for God to come near them)"라고 쓰여 있다. 이들은 마치 하나님을 원하는 것처럼 행동하지만 실제로 그런 마음은 없다. 이들에게 금식이란 다른 사람들에게 경건한 인상을 주기 위한 수단일 뿐이다. 다른 말로 하면, 불량한 금식이란 다른 사람들 혹은 하나님께 잘 보이기 위해 하는 금식이다. 그럴 경우 당신은 진정으로 하나님을 원하는 것이 아니다. 단지 하나님을 원하는 것처럼 보이길 원하는 것이다. 스가랴 7장 5절에서 하나님은 이렇게 질문하신다.

"온 땅의 백성과 제사장들에게 이르라 너희가 칠십년 동안 오월과 칠월에 금식하고 애통하였거니와 그 금식이 나를 위하여, 나를 위하여 한 것이냐" (스가랴 7:5)

이처럼 유대인들은 칠십년이란 세월동안 금식을 했다. 하지만 하나님은 그들의 금식의 목적을 알고 싶어 하셨다. 만약 하나님을 위해서가 아니라면 당신은 누구를 위해 금식을 할 수 있을까?

예수님께서는 이 질문에 대해 누가복음 18장 9절~14절을 통해 답해 주셨다. 이 구절에서 예수님께서는 규칙적으로 기도와 금식을 한 아주 독실한 바리새인에 대한 이야기를 해주신다. 11절에서 예수님께서는 그 바리새인은 자신을 위하여 기도하였다고 말씀하셨다. 이해가 가는가? 그 바리새인은 자기 자신이 더 종교적으로 보이기 위해 금식과 기도를 했던 것이다. 그는 하나님과 다른 사람들에게 좋은 인상을 주고 싶었던 것이다. 하나님을 위해 금식했다기보다 자신의 종교적 이미지를 위해 금식을 했던 것이다. 만약 당신이 금식할 때 하나님을 위해 하는 것이 아니라면 그것은 당신 자신을 위해 하는 것이다. 예수님께서는 산상수훈에서 우리의 종교를 사용해 다른 사람들에게 좋은 인상을 주기 위해 하는 금식에 대해 경고하셨다(마태복음 6장 16~18절). 만약 그것이 당신의 동기였다면 당신이 받는 유일한 보상은 감명 받은 사람들뿐이다. 당신은 하나님이 주시는 천국의 자원들은 보지 못할 것이다.

초기 교회 지도자 중 하나인 성 마가 수도사는 예수님께서 산상수훈에서 금식에 대해 설교한 지 400년 후에 살았던 분이다. 그도 역시 "금식이란 그 자체로 가치가 있지만 하나님 앞에서 자랑할 것은 아니다"라고 역설하였다. 당신의 종교적 신앙심을 자랑하기 위해 하는 금식은 불량한 금식이며 그것은 아무 쓸모없는 열쇠이다, 이 열쇠를 가지고 열 수 있는 것은 과장된 자존심뿐이다!

하지만 금식을 엄격히 비밀로 여기려는 우는 범하지 말라. 금식한다는 사실을 다른 사람들에게 알리는 자체가 자랑하는 것이라고 믿는 사람들이 있다. 이런 사람들은 금식을 한다는 것을 비밀로 하기 위해 왜 밥을 안 먹는가에 대해 거짓말을 하게 된다. 예수님은 당신에게 가족과 친구들을 속이라고 말씀하는 것이 아니다. 예수님은 그저 자랑을 하지 말라고 경고하신다. 필요할 때는 왜 금식을 하는지 설명을 해도 된다. 그저 겸손하게 하나님과 사람들에게 자랑하지 않고 말하면 된다. 예수님도 40일간 금식하면서 누군가에게 말씀했을 것이다. 그렇지 않았다면 성경에 기록될 수 없지 않겠는가?

우등상처럼 여기는 금식

신앙심을 내보이기 위해 하는 것뿐 아니라 종교적으로 하는 금식도 불량한 금식이다. 금식을 통해 자신의 선함을 인정받아 하나님의 응답을 들을 가치가 있다고 여기는 사람들도 있다. 이사야 58장 3절에 보면 사람들이 금식을 했지만 하나님의 음성을 듣지 못해 화가 나있는걸 알 수 있다.

"이르기를 우리가 금식하되 주께서 보지 아니하심은 어찜이오며 우리가 마음을 괴롭게 하되 주께서 알아주지 아니하심은 어찜이니이까 하느니라" (이사야 58:3)

하지만 이들은 하나님의 신성함에도 관심이 없고 하나님을 더 알고 싶은 마음도 없다. 이들은 단지 종교적으로 금식을 했던 것이다. 금식이란 하나님께서 당신이 원하는 것을 당신에게 주도록 만들 수 있는 종교적인 방법이라고 믿고 있는가? 만약 그렇게 믿는다면 당신은 잘못된 동기로 금식을 하게 되고 당신의 금식을 쓸모없는 열쇠로 만드는 것이다. 이 열쇠는 하나님 나라 천국의 문을 열 수 없다. 그저 종교의 문만 활짝 열 수 있다.

금식이란 하나님께서 당신이 원하는 것에 응답하게 해주는 선한 행동이 아니다. 다윗이 자기 죄로 인하여 하나님이 그의 가족을 심판하지 않도록 하기 위해서 금식을 했을 때 하나님께서는 사랑하시던 다윗의 금식조차 받지 않으셨다(사무엘하 12장 15~23절). 하나님은 응답할 필요가 없으셨다! 금식이란 하나님이 당신이 원하는 것을 들어준다는 것을 보장하지 않는다.
요한 웨슬리는 사람들에게 이러한 불량한 금식에 대해 경고했다.

"우리가 금식으로 인해 하나님으로부터 무엇인가
받을만하다고 착각하지 않도록 주의하자."

그리고 수백 년 전 성 마카리오스 신부는 이렇게 말했다.

"크리스천의 삶 중 가장 중요한 원칙은
의로운 행동에 대해-설사 다 실천하더라도-

완전한 신뢰를 주거나 무엇인가 위대한 일을 했다고
믿으면 안 된다는 것이다."

바로 그것이다. 당신은 무엇인가 위대한 일을 한 것이 아니다. 당신의 금식으로 하나님께 받을 것이 아무 것도 없다. 금식이란 하나님을 감동시켜서 당신이 원하는 소원을 들어주게끔 하는 종교적 행동이 아니다. 어떤 기도제목에 대해 응답을 듣기 위해 혹은 어떤 삶의 필요를 위해 금식하는 것은 괜찮다. 하나님의 능력이 금식기도를 통해서 온다는 것을 믿어도 좋다. 하지만 절대로 금식이 하나님이 당신이 원하는 것을 당신에게 주도록 만드는 선한 행동이라고는 믿지 말아야 한다. 금식이란 그저 당신의 믿음을 키울 수 있고 하나님의 임재 앞에 나아가도록 해주는 것이다. 당신의 믿음은 하나님께 있어야지 금식에 있어서는 안 된다.

종교적인 마음을 채우기 위한 금식

종교적인 마음으로 하는 금식도 역시 쓸모없는 것이다. 이사야 58장 3~4절에는 죄를 지을 때조차도 금식을 하는 사람들에 대해 쓰여 있다. 그것이 바로 종교적인 마음으로 하는 일이다. 주님은 말씀하신다.

"너희가 금식하는 날에 오락을 찾아 얻으며 온갖 일을 시키는도다. 보라 너희가 금식하면서 다투며 싸우며 악한 주먹으로 치는도다" (이사야 58:3~4)

주님은 강하게 꾸짖고 계신다.
또 경고하신다.

"너희의 오늘 금식하는 것은 너희 목소리로 상달케 하려 하는 것이 아니라" (이사야 58:4)

이런 금식은 아무 쓸모없는 금식인 것이다.

이런 금식은 쓸모없을 뿐만 아니라 위험한 금식이다. 이러한 금식은 종교적인 마음을 채우기만 할 뿐이다. 머지않아 당신은 이 성스러운 하나님의 은혜의 선물을 가지고 하나님께 대적하는 반항을 가리기 위해 사용하고 있다. 당신은 금식할 때 죄 안에서 계속 사는 것으로부터 그 죄를 금식으로 감추는 것으로 전환하고 있을 뿐이다. 이러한 방식으로 금식을 사용하는 것은 이세벨(아합의 아내)과 같은 길을 걷는 것이다. 그녀는 나봇을 죽여 그의 포도원을 가로채려는 음모를 감추기 위해 국가적 금식의 날을 선포한다. 그녀는 자신의 범죄를 종교적으로 감추기 위한 단 하나의 목적을 위해 금식을 사용한 것이다. (열왕기상 21장 9~14

절)

이러한 종교적 마음으로부터 자신을 지키려면 금식을 할 때 하나님 앞에 회개함으로 시작할 수 있다. 다윗은 시편 51편 16~17절에서 선포하기를, 하나님은 제사나 번제를 기뻐하지 않으시고 상한 심령이나 상하고 통회하는 마음을 기뻐하신다고 하였다. 당신도 죄에서 빠져 나와 회개해야 한다. 그렇지 않으면 그것은 종교적 가식에서 나오는 생각일 뿐 아무 쓸모없는 희생이 된다.

경건함의 형태

마지막으로 금식이 단지 종교적 의례가 되면 쓸모없는 일이다. 이사야 58장 5절에서 하나님께서 자기 백성들의 금식의 의례에 의문을 표시하는 것을 볼 수 있다.

"이것이 어찌 나의 기뻐하는 금식이 되겠으며 이것이 어찌 사람이 그 마음을 괴롭게 하는 날이 되겠느냐 그 머리를 갈대 같이 숙이고 굵은 베와 재를 펴는 것을 어찌 금식이라 하겠으며 여호와께 열납될 날이라 하겠느냐" (이사야 58:5)

이 사람들은 그저 의례를 치를 뿐 금식 안에 하나님을 포함할 생각조차 안하고 있다. 그것은 죽은 의례이며 이것

또한 쓸모없는 열쇠이다. 당신은 금식을 의례로 만들어서 경건함의 형태를 취할 수는 있지만 금식의 능력은 부정하고 있는 것이다(디모데후서 3장 5절). 그렇다면 당신은 믿음이 없기 때문에 금식의 능력을 부정하는 것이다. 종교적 의식을 치르기 위해 금식을 할 때마다 당신은 하나님의 은총을 버리고 죽은 종교로 들어가는 것이다. 당신은 금식을 영적인 의미가 없는 단지 종교적 의례로 만들고 싶지 않은가? 그렇다면 하나님께서 당신의 금식을 통해 사역하신다고 믿어라. 금식이란 당신이 하나님을 위해 하는 어떤 일이 아니다. 금식은 하나님의 은총을 받을 수 있는 방법이며, 이는 믿음을 통해 가능하며, 하나님께서 당신 안에 들어와서 독생자 예수 그리스도를 통해 무엇인가를 하시게 된다.

모든 종교를 버리라

나는 자라면서 열쇠를 만드는 가게에서 일한 적이 있다. 가끔 손님들 중 새로 만든 열쇠가 안 열린다고 반품할 때가 있었다. 나는 그럴 때마다 그 열쇠를 자세히 조사해서 다시 갈아야할 곳을 찾곤 했다. 당신이 금식을 시작할 때엔 모든 종교적 부분을 없애야 하는 것을 명심하라. 금식은 남들에게 당신이 종교적이라는 것을 보이기 위한 것도 아니고, 하나님의 축복을 받기 위해 하는 행동도 아니며, 죄를 가리기위한 종교적 수단도 아니고, 의무적으로 치러야 하는 종교의식도 아니다. 이러한 결함은 금식을 무용지물로 만든다. 믿음 안에서 금식하라. 당신의 삶 안에서 하나님의 더 큰 임재하심과 능력이 나타남을 믿어라. 그리고는 축복의 문이 열리는 것을 목격하라.

Chapter 3
마스터 키

"내가 기뻐하는 금식은 ...... 것이 아니겠느냐"
(이사야 58:6)

잘 작동하는 열쇠

마스터키에 대해서는 두 가지를 알 필요가 있다. 첫째, 이 열쇠로 한 건물 안에 있는 모든 문을 열 수 있다. 둘째, 당신은 이 열쇠를 믿을 수 있는 사람에게만 줄 수 있다. 만약 당신이 한 건물 안에 있는 모든 방에 들어갈 수 있는 이 열쇠를 누군가에게 준다면, 진실성이 있는 사람에게 주어야 할 것이다. 지난 장에서는 쓸모없는 금식의 열쇠에 대해 알아보았다. 그 열쇠는 천국의 자원이 있는 어떤 문도 열 수 없다. 그 열쇠는 부풀려진 종교적 자존심만 열 수 있다. 그것이 바로 불량한 금식인 것이다. 하지만 금식 중엔 불량한 것만 존재하지는 않는다. 올바른 금식은 유용한 열쇠 하나 그 이상이다. 바로 마스터키다.

이사야 58장에는 이 금식의 마스터키를 묘사하고 있다. 그리고 또 이 장에는 이 열쇠로 열 수 있는 하나님 나라의 자원들이 있는 많은 문들이 묘사돼 있다. 하지만 하나님은 믿을만한 사람에게만 이 마스터키를 주신다. 올바른 금식은 올바른 동기에 의한 금식이다.

하나님의 음성에 대답한다

당신이 하나님의 음성에 대답할 때 올바른 금식이 된다. 이사야 58장 6절에서 하나님이 물으신다. "내가 기뻐하는 금식은 ....것이 아니겠느냐?" 여기서 깨달을 수 있는 것은 올바른 금식은 하나님이 시작하고 결정하신다는 것이다. 당신이 금식하는 이유는 하나님의 부르심에 순종하는 것이어야 한다. 하나님의 영광을 위해서만 금식을 해야 한다. 요엘 1장 14절에는 "너희는 금식일을 정하고"라고 쓰여 있다. 하나님을 위해 금식을 하라. 하나님의 선택으로 인한 금식을 하라. 당신이 언제, 얼마나, 어떻게 금식을 해야 하는지 하나님께 물어봐야한다. 하나님께 당신이 하는 금식의 목표를 물어보아라.

그렇다면 이 말은 하나님이 계시할 때만 금식을 할 수 있다는 뜻인가? 당신이 규칙적으로 금식을 하면 안 된다는 것인가? 그것은 아니다. 당신을 위해 하나님께서 선택하신 금식이 일주일에 하루일 수도 있고, 하루에 한 끼 식사, 교회의 전체적 하루 금식, 혹은 매달 며칠일 수도 있다. 우리가 기도할 때 여러 다른 형태, 다른 크기, 다른 때에 하듯 금식 또한 다양하다. 기도든지, 나눔, 혹은 금식이든지 당신은 항상 하나님의 뜻을 찾고, 의로움의 표현을 신성화하여 하나님이 보여주신 방향대로 따라가야 한다.

어쩌면 당신은 하나님께서 한번도 당신에게 금식을 하라고 계시하지 않았다고 생각할 수도 있다. 하지만 당신은 하나님께 금식에 대해 질문을 해본 적이 있는가? 존 웨슬리는 초대 감리교인들에게 이렇게 말하였다. "금식이란 하나님께서 정하시는 길이다. 우리는 이 안에서 은혜로 받는 하나님의 자비하심을 기다리는 것이다." 금식은 하나의 길이며 하나님께서 정하시는 길이다. 우리가 하나님께 부탁하면 우리를 금식의 길로 인도하신다.

사탄은 금식을 두려워한다

당신이 적을 물리치기위해 하는 금식은 올바른 금식이다. 이사야 58장 6절에 말씀하신다.

"나의 기뻐하는 금식은 흉악의 결박을 풀어 주며 멍에의 줄을 끌러 주며 압제 당하는 자를 자유케 하며 모든 멍에를 꺾는 것이 아니겠느냐"

이 구절 안에 사탄이라는 단어는 언급되어 있지 않다. 하지만 그런 암시는 여기저기 모든 곳에 있다. 이 구절 안에 결박, 멍에, 압제라는 단어가 쓰였다. 그것들은 바로 노예, 속박 그리고 억압을 뜻하는 단어들이다. 사탄이 자신의 파괴적인 일들을 사람을 통해 하는지 악령의 도구들을 통해서 하는지는 별로 중요하지 않다. 그 속박에서 자유롭게 되기 위해, 결박을 풀거나, 멍에를 깨거나 해방되기 위해 금식한다면 이는 올바른 금식이다. 예수님께서 그런 금식의 좋은 본보기를 보여주신다. 예수님께서 세례 요한과 성령님에게 세례를 받고나서 사탄과 그의 유혹에 맞서기위해 40일간 금식을 하셨다(마태복음 4장 1~2절).

당신도 예수님처럼 어떤 유혹과 구속에 맞서기 위해 금식할 수 있다. 사탄은 지금도 당신을 노리고 있다. 헤시키오스 신부는 이렇게 썼다.

"우리가 아무리 약한 존재라 해도 사탄에 맞서 겸손과 금식, 기도와 경계심을 가지고 싸워야한다고 예수님께서 가르쳐 주셨다. 예수님께서 세례를 받은 후 광야로 나갔을 때 사탄이 다가와 예수님을 인간의 신분으로 대하였다. 예수님은 금식함으로써 영적 전쟁을 시작했고 그 방법으로 전투에서 이겼다."

금식은 당신 자신뿐 아니라 다른 사람들도 적의 구속으로부터 자유롭게 할 수 있다. 요엘 2장 20절을 보면, 하나님의 백성들이 금식하기 때문에 하나님께서 북쪽 군대를 이 땅에서 멀리 떠나보내시겠다고 선언되어 있다. 그 북쪽 군대가 악마의 영들이든 사탄이 조종하는 인간의 군대든 금식은 이 힘들을 물리친다!

아르헨티나의 카를로스 아나콘디아는 전도 집회를 시작하기 전 몇 주 동안 금식과 기도를 통해 적들을 묶어 놓으면 수많은 사람들이 하나님을 영접하고 구원을 얻는다는 사실을 깨달았다. 파블로 데이로스는 아나콘디아가 사탄을 꾸짖기 시작하면 "강력한 전류 같은 기운이 사람들을 관통한다"고 증언한다. 엄청나게 많은 사람들이 집회 동안 매일 밤 그의 특별한 전도 텐트로 줄지어 몰려들었다.

사탄은 금식을 두려워한다. 그 이유는 금식이 사단의 힘을 파괴하기 때문이다. 당신 자신이나 다른 이들의 삶 속에서 사탄의 멍에를 깨뜨리기 위해 금식한다면 이것은 올바른 금식이다.

긍휼의 마음으로 하는 금식

당신이 다른 이들을 도와주기 위해 금식하면 이는 올바른 금식이다. 이사야 58장 7절엔 하나님이 어떤 금식을 원하는지 쓰여 있다.

"또 주린 자에게 네 식물을 나눠 주며 유리하는 빈민을 네 집에서 들이며 벗은 자를 보면 입히며 또 네 골육을 피하여 스스로 숨지 아니하는 것이 아니겠느냐"

도움이 필요한 자를 돕기 위해 하는 금식은 두 가지 의미를 가질 수 있다. 첫째, 당신의 금식이 긍휼의 여러 행동들을 동반한다는 뜻일 수 있다. 금식이란 남을 돕고자 하는 생활 방식에서 나와야 한다. 배고픈 자에게는 음식을, 집 없는 자에게는 피신처를, 옷이 없는 자에게는 옷을 나눠주고 당신의 식구들을 돕도록 하라. 예수님께서 산상수훈 설교에서 금식에 대해 말씀하실 때, 기도와 궁핍한 이들을 위한 구제의 문맥 안에서 이야기하셨다(마태복음 6장 2, 5, 16절). 또 다른 의로움의 징후들이 같이 나타나면 이것은 올바른 금식이다.

남들에게 도움을 주는 금식의 또 다른 의미는 남들이 처한 필요들을 위해서 당신이 금식할 수 있다는 것이다. 느헤미야는 예루살렘에 남은 추방을 면한 유대인들이 도움이 절실하다는 것을 깨달았다.

"내가 이 말을 듣고 앉아서 울고 수일 동안 슬퍼하며 하늘의 하나님 앞에서 금식하며 기도하여" (느헤미야 1장 4절)

느헤미야의 기도와 금식을 통하여 하나님께서는 그가 백성들에게 갈 수 있는 길을 열어주었고 그들이 필요한 것을 채울 수 있게 하셨다. 긍휼의 행동과 함께 금식하라 혹은 도움이 필요한 누군가의 구제를 위해 금식하라. 둘 중 어떤 것이라도 남들의 필요를 위해 하는 금식은 올바른 금식이다.

변화를 위한 금식

당신의 삶을 변화시키기 위해 하는 금식 또한 올바른 금식이다. 이사야 58장 9절은 "멍에와 손가락질과 허망한 말을 제하여 버리려고" 금식하는 사람들에 대해 이야기하고 있다. 그들은 금식을 통해서 자신의 나쁜 행실을 깨닫고, 회개하고, 자신의 삶을 변화시키기 위해 하나님께 향하였다. 당신의 비밀과 숨어있는 죄들을 찾기 위해 금식하라. 금식을 통해 당신의 진정한 모습을 볼 수 있을 것이다.

리즈 하웰즈는 자신이 화를 내면서까지 금식을 거부하였지만 이를 통해 자신의 이기적 욕구를 보게 되었다고 말한다. "내 안에 이런 욕망이 있는지 나도 몰랐다. 나의 불안감이 바로 내가 이런 욕망에 얽매여 있다는 증거였다. 이것들이 나에게 아무런 영향도 미치지 않았다면 왜 내가 불안감에 휩싸였고 언쟁을 했겠는가?" 당신의 삶 속에서 지은 죄를 깨달았을 때 회개를 위해 금식하라. 성경에 나온 인물 중 가장 사악한 아합조차 그가 금식을 통해 회개했을 때 은혜로운 하나님의 음성을 들을 수 있었다(열왕기상 21장 27절).

당신의 행실의 변화를 위해 금식을 하라. 이것은 어쩌면 바울이 개종 후 삼일 동안 물 없는 금식을 했던 이유 중 하나일 수도 있다(사도행전 9장 9절). 금식이란 하나님의 은혜가 당신의 삶에 더욱 깊이 스며들게 하는 방법 중 하나다. 그러니 변화를 위해 금식하라!

필수적인 열쇠

나쁜 소식이 하나 있다. 아무리 천재라도 인간의 능력으로는 우리가 필요한 천국의 자원들이 있는 방문을 열 수 없다. 우리의 능력에 의존한다면, 이 문은 영원히 닫혀 있을 것이다. 하지만 기쁜 소식도 있다. 이 문을 열 수 있는 열쇠가 존재한다는 것이다. 이 열쇠는 바로 금식이다. 어떤 형태의 금식이나 다 통하는 것은 아니고 올바른 금식만이 이 문을 열 수 있는 마스터키가 될 수 있다. 이 문 뒤에는 당신이 꼭 필요한 천국의 보물들이 놓여 있다.

하나님께 순종하기 위해, 혹은 적을 무찌르기 위해, 혹은 남들을 돕기 위해, 혹은 당신 자신을 변화시키기 위해 금식을 하라. 만약 당신이 올바른 금식을 한다면 하나님은 당신을 믿고 이 마스터키를 맡길 것이다. 이 마스터키는 하나님의 창고 안에 있는 모든 문을 열 수 있다.

Chapter 4
계시의 문

"그리하면 네 빛이 새벽같이 비칠 것이며"
(이사야 58장 8절)

지식을 초월하는 지식

바울은 다메섹 도상에서 빛나는 하나님 계시의 큰 빛을 보고 하나님을 영접하게 되었다. 그 후 그는 완전한 어두움으로 내려갔다. 눈이 먼 것이다. 바울이 발을 헛디디는 중에 다른 사람들이 그가 움직이도록 도와줘야 되었다. 이것이 바로 많은 믿는 자들의 모습이다. 우리는 예수님이 우리의 구세주라는 멋진 계시의 빛을 본 후에 계시가 거의 없는 어두운 길을 걷게 된다. 우리는 계시를 경험하지 못하며 신앙생활을 하면서 이리저리 비틀거리게 된다.

바울이 에베소인들에게 쓴 편지에는 교회에 대한 두 가지 기도가 적혀 있다. 이 기도문에서 바울은 구체적으로 세 번 하나님께서 성도들에게 계시를 보여 주기를 기도하고 있다(에베소서 1장 17~18절, 3장 19절). 여기서 그는 성령의 계시와 지혜로움을 위해 기도한다. 그리고 또 사람들이 마음의 눈을 뜰 수 있도록 기도한다. 마지막으로 그는 교회가 지식을 초월하는 예수님의 사랑을 깨달을 수 있도록 기도한다. 계시의 의미를 잘 정의한 좋은 예이다. 계시란 인간적 지식을 초월한 하나님으로부터 받은 지식이다. 이는 하나님이 당신의 심령에 지식을 주는 초이성적인 경험이다. 비이성적인 것이 아니고 초이성적이다. 이것은 논리적 사고 과정을 초월한다. 계시는 우리에게 필수적이다. 이것 없이는 당신의 영적 눈이 멀게 되고 믿음생활에서 비틀거리게 된다. 이것이 바로 바울이 마음의 눈을 뜨게 해 달라고 기도한 이유다.

성경을 통한 깨달음의 빛

계시란 하나님이 주신 깨달음이다. 하나님의 말씀이 당신의 영 안에 들어올 때 그 깨달음이 나타난다. 주로 그 깨달음을 얻는 것은 당신이 성경을 읽을 때이다. 왜냐하면 성경은 하나님의 영감으로 기록되어 있기 때문이다. 성경이 하나님의 영감으로 되어 있지만 성경을 읽는다고 자동으로 하나님의 말씀을 듣는 것은 아니다. 성경을 읽음으로써 당신은 교훈, 예언, 역사 혹은 율법에 대해 지식을 얻게 된다. 그게 잘못된 일은 결코 아니다. 그 지식은 좋은 것이다. 하지만 당신은 지식 이상의 무언가가 더 필요하다.

내가 다닌 진보적 신학대학교에서는 성경에 대해서는 열심히 연구 했지만 계시를 받지 못한 교수님들이 있었다. 그들은 성경비평에 대한 자신의 신학적 이론을 뒷받침하기 위해 성경에서 필요한 정보를 얻었을 뿐이다. 성경을 읽는다고 자동으로 깨달음을 얻을 수 있는 것이 아니다. 하나님이 성경을 쓴 저자들에게 깨달음을 준 것처럼 당신이 말씀을 읽을 때 빛을 보여주셔야 한다. 첫 번째 종류의 깨달음은 영감이라고 부른다. 두 번째는 계시라고 일컫는다. 하나님은 어떤 사람들에게 성경의 말씀을 기록하라고 말씀하셨다. 그와 같이 하나님은 당신이 성경을 읽을 때 말씀하고 계신다.

그러면 어떻게 성경을 읽어야 계시를 받을 수 있을까? 하나님이 당신에게 말씀하실 것을 기대하면서 믿음 안에서 읽어라! 계시의 빛을 밝힐 수 있는 방법 중 하나는 바로 금식이다. 내 평생 동안 내가 금식할 때만큼 성경이 살아있음을 느낄 때가 없었다. 어떤 부부의 간증에 의하면, 일주일에 한 번하는 금식을 시작하자마자 성경을 통해 계시를 받을 수 있는 능력이 즉각적으로 변한 것을 알게 되었다. 그들이 이렇게 간증한다. "하나님은 우리가 전에 성경을 읽었을 때 구체적으로 보지 못했던 것들을 볼 수 있는 마음의 눈을 열어 주셨다. 마치 어떤 생각들이 우리에게 뛰어 들어오는 것 같았다."

금식은 하나님의 감동으로 된 말씀을 우리에게 가져다주는 데 중요한 역할을 한다. 모세는 40일 동안 금식을 한 후 십계명이란 빛을 받았다(출애굽기 34장 28절). 다니엘은 그의 마지막 때의 비전을 보기 전까지 금식을 하였다(다니엘 9장 3절). 신약의 많은 부분을 쓴 바울도 금식을 자주 했다고 말했다(고린도 후서 11장 27절). 이들이 하나님 말씀의 본래의 영감을 받을 수 있게 금식이 도와주었다면, 당신이 성경말씀으로부터 현재의 깨달음을 얻을 수 있게 도와줄 수 있지 않을까?

은사를 통한 깨달음의 빛

우리가 성령의 깨달음을 얻을 수 있는 곳이 오직 성경만은 아니다. 고린도전서 12장 7~11절에서 바울은 성령의 여러 은사들을 언급하고 있다. 그는 성령으로 말미암은 여러 계시의 은사들에 대해 이야기하고 있다. 그 계시의 은사 중에는 지식의 말씀, 지혜의 말씀, 영 분별, 예언, 방언 말함, 그리고 방언 통역 등이 있다. 바울은 어떤 상황에 대해 당신이 합리적 생각을 통해 얻는 지식을 말하는 것이 아니다. 이러한 성령의 은사들은 당신의 영에 주신 성령의 직접적 계시이다. 이것들은 초이성적인 하나님의 말씀이다.

성령으로부터 오는 계시들은 하나님의 기록된 성경말씀과 맞아야 한다. 그래서 단지 지식을 얻기 위해서라도 성경을 읽는 것이 중요한 이유가 된다. 당신이 받는 하나님의 계시를 항상 성경과 대조해 보라.

또 한번 강조하지만 금식은 성령의 은사를 통해 깨달음의 빛을 준다. 요엘은 금식에 대해 세 번 선언한 후 하나님의 깨달음의 빛이 하나님의 백성들에게 부어질 것이라고 설명하고 있다.

"그 후에 내가 내 영을 만민에게 부어 주리니 너희 자녀들이 장래 일을 말할 것이며 너희 늙은이는 꿈을 꾸며 너희 젊은이는 이상을 볼 것이며" (요엘 2장 28절)

금식은 깨달음의 빛이 성경 말씀과 성령의 은사를 통해서 올 수 있도록 도와준다.

하나님의 깨달음의 빛을 이해하기

하지만 가끔은 하나님이 주신 깨달음의 빛이 충분하지 않을 때가 있다. 당신은 하나님의 말씀을 받고 그것을 이해하지 못할 때도 있다. 이럴 때에 필요한 계시는 영적인 해석이다. 해석이란 하나님의 말씀에 대한 말씀을 받는 것이다. 어쩌면 당신이 특이한 꿈이나 환상을 보았을 수도 있다. 당신은 이것이 하나님께로부터 온 것은 알지만 무슨 뜻인지는 모를 수 있다. 성경 한 구절이 당신에게 생각날 때도 있다. 하지만 당신은 이 구절을 통해 하나님이 무슨 말씀을 하시는지 이해를 못할 수도 있다. 당신은 방언이나 예언적 메시지의 어떤 부분을 이해하지 못할 때도 있을 것이다. 하나님께 해석을 부탁하라. 당신이 필요한 것은 단어 대 단어의 정확한 번역이 아니다. 해석은 번역과 다르다. 하나님이 말씀하신 전체적인 뜻을 구하라.

금식은 해석의 능력을 증가시킨다

다니엘서에서는, 하나님께서 꿈과 환상을 통해 말씀하시고자하는 뜻을 해석할 수 있는 바벨론에 사는 네 명의 유대인에 대해 기록하고 있다. 다니엘 1장 17절에서 다니엘, 하나냐, 미사엘과 아사랴에 대해 이렇게 말한다.

"하나님이 이 네 소년에게 학문을 주시고 모든 서적을 깨닫게 하시고 지혜를 주셨으니 다니엘은 또 모든 환상과 꿈을 깨달아 알더라"

그리고 20절에는 이렇게 선언되어 있다.

"왕이 그들에게 모든 일을 묻는 중에 그 지혜와 총명이 온 나라 박수와 술객 보다 십 배나 나은 줄을 아니라"

바벨론은 주술적인 사회라는 것을 기억하라. 마술사들은 초자연적 지식을 악령을 통해 찾으려고 하였다. 하지만 그들의 주술적 전문성은 그 네 유대인을 통해 나타난 하나님의 해석의 빛에는 비교도 안 되었다.
바벨론 왕비는 이렇게 말했다.

"왕이 벨드사살이라 이름하는 이 다니엘의 마음이 민첩하고 지식과 총명이 있어 능히 꿈을 해석하며 은밀한 말을 밝히며 의문을 풀 수 있었나이다. 이제 다니엘을 부르소서 그리하시면 그가 그 해석을 알려 드리리이다 하니라"
(다니엘 5장 12절)

이 해석은 네 사람의 지적 능력에서 온 것이 아니라 하나님에게서 온 것이다. 그들은 하나님의 해석의 빛을 어떻게 비추게 되었을까? 그들은 금식을 하였다. 다니엘 1장 12절에서 우리는 그들이 모두 부분적인 금식을 했다는 것을 알 수 있다. 또 다른 여러 곳에서 다니엘이 하나님의 계시를 받기위해 금식을 했다는 것도 알 수 있다(다니엘 9장 3절). 영적 해석의 빛은 금식을 통하여 증가한다.

계시의 적용

계시는 깨달음의 빛과 해석일수도 있지만 동시에 적용이기도 하다. 하나님이 당신에게 무엇을 말했는지 알고 그 뜻을 이해했다고 치자. 하지만 그것을 가지고 무엇을 해야 하는지 모를 수 있다. 지혜는 하나님이 주신 것을 가지고 무엇을 해야 하는지 깨닫는 것이다. 이러한 지혜 역시 하나님의 신성한 계시를 통해 온다.

계시의 응용 역시 금식을 통해서 얻을 수 있다. 사도행전 13장 2절에는 안디옥교회의 지도자들이 모여서 하나님의 음성을 듣기 위해 금식과 기도를 하는 장면이 나온다. 하나님은 그들에게 바울과 바나바가 하나님이 정한 일을 할 수 있도록 보내라고 하였다. 지도자들이 하나님께로부터 바울과 바나바를 보내라는 음성을 들은 후 그들은 금식을 했고 그 둘을 위해 기도를 했다. 하나님은 그들에게 당신의 뜻을 드러내신 것이다, 선교의 첫 계획이었다. 그들은 어떻게 이것을 받았는가? 금식을 통해서였다.

바로 지난 세기 중반 치유회복의 대 부흥기간 중간에 부름받은 한 전도자가 있었다. 하나님은 그의 사역을 통해 많은 사람들을 구원하였고, 치유하였고, 인도하였다. 하지만 항상 그렇게 성공적이지는 않았다. 초기에 그는 하나님으로부터 치유사역의 부름을 받았지만 어떻게 해야 할지 몰랐다. 어느 날 그는 부인에게 자신을 부엌에 있는 벽장 안에 가둬달라고 부탁을 했다. 그는 하나님의 음성을 들을 때까지 금식과 기도를 할 것이라고 결심을 한 것이다. 며칠이 지난 후, 하나님의 영광이 그가 있는 벽장 안을 갑자기 가득 채웠다. 얼마나 눈부셨던지 그는 부인이 벽장을 열었다고 생각했다. 하나님은 그에게 치유사역을 시작하기 위해 어떤 단계를 밟아야 하는지 분명히 보여 주기 시작하셨다. 그는 연필 하나를 벽장 바닥에서 찾았다. 그는 그 연필을 자신의 이빨로 깎았다. 판지의 덮개 부분을 찢어내 하나님이 주신 11가지 응용의 요점을 적기 시작했다. 이 응용 방법들을 사용해 그는 수천 명의 사람들에게 복음을 전하는 사역을 할 수 있었다.

계시의 어두운 면

유감스럽게도 이것이 이 이야기의 전부가 아니다. 이 전도자 안에 자만심과 독선이 싹트기 시작했다. 그가 젊은 나이에 요절하자 사람들은 그의 사역의 신실함에 대해 혼란에 휩싸였다. 나는 이 이야기의 불행한 부분을 나누어서 중요한 한 가지를 지적하고자 한다. 계시가 아무리 영향력 있고 대단하더라도 절대 완벽함을 보장하지는 않는다. 사실, 계시는 자만심을 가져다 줄 수 있다.
바울은 고린도후서 12장 7절에서 이렇게 말한다.

"여러 계시를 받은 것이 지극히 크므로 너무 자만하지 않게 하시려고 내 육체에 가시 곧 사단의 사자를 주셨으니 이는 나를 쳐서 너무 자만하지 않게 하려 하심이니라"

계시에 따른 교만에 빠지지 않도록 너 자신을 보호하라. 계시만으로는 부족하다. 이것은 위험할 수도 있다. 겸손함, 정직함, 남들과의 관계 같은 것들이 당신을 교만의 함정에 빠지지 않도록 도와줄 것이다. 그렇다면 당신은 안전하게 새벽같이 비치는 하나님의 계시의 빛을 위해 금식을 할 수 있을 것이다.

Chapter 5
치유의 문

"네 치료가 급속할 것이며"
"나 여호와가… 네 뼈를 견고케 하리니"
(이사야 58장 8절, 11절)

자연적인가 혹은 초자연적인가?

몇 년 전 나의 친구 캐리는 저혈당증에 시달리고 있었다. 이것은 혈액 안에 있는 포도당 수치가 비정상적으로 낮은 병이다. 이것은 혈당 농도를 조절해야 하는 끊임없는 싸움이다. 그는 때때로 금식을 시도했지만 너무 쉽사리 균형을 잃고 아파왔기 때문에 도중에 멈추어야 했다. 다시 회복을 하는 데 며칠씩 걸리곤 했다. 나는 만일 캐리가 40일 동안 금식을 하게 되면 하나님이 그를 치유해줄 것이라는 느낌을 받았다. 보통 나는 남들에게 이런 조언을 하지는 않는다. 내가 캐리에게 이것을 말해준 후, 그는 하나님께 두 번의 확인을 구했다. 하나님은 그에게 두 번의 확답과 내면의 증거도 주셨다.

캐리가 금식을 시작했을 때 이 전에 일어났던 부작용이 없었다. 금식의 중반 정도 갔을 때 캐리는 지난 몇 년 동안 느꼈던 것보다 더 건강한 상태였다. 그리고 40일 후 그는 완벽하게 치유가 되었다. 캐리는 지금처럼 건강이 좋은 상태는 자기 인생에 없었다고 했다. 그는 완전함이 어떠한 상태인가를 잊어버리고 살았던 것이다. 그렇다면, 하나님은 금식을 통해 그를 몸을 건강하게 만드는 자연적 치유를 한 것일까? 아니면, 금식과 믿음을 통한 초자연적인 권능으로 치유했을까? 그렇다. 이사야 58장 8절에서 금식은 초자연적 치유를 가져다준다고 말씀한다. 11절에서는 금식이 자연적인 건강을 가져올 수 있다고 말한다. 금식은 이 두 가지 유형의 치유의 문을 열어준다.

건강을 위한 가장 빠른 길

육체적 건강이 금식을 통해서 오기도 한다. 하나님께서는 금식을 통해서 튼튼해질 수 있도록 당신의 육체를 만들었다. 15세기 의사 파라클레서스는 이렇게 말했다.

> "금식이 가장 좋은 약이다,
> 금식은 네 몸 안에 있는 의사다."

왜 그럴까?

금식을 하거나 물을 많이 마시면, 그동안 당신이 먹고 마시면서 축적한 몸 안에 있는 독소들을 내보낼 수 있는 기회를 얻게 된다. 만약 당신이 자동차의 엔진 오일을 교환하지 않고 부족할 때마다 계속 오일을 첨가하기만 하면 엔진은 막힐 수밖에 없을 것이다. 오일은 더러워진다. 새로운 오일을 엔진에 첨가하는 것은 충분하지 않다. 오래된 오일은 엔진에서 나와야한다. 당신은 음식과 음료를 몸 안에 계속 넣으면서도 축적되는 독소들을 세척해내지는 않는가?
폴 브랙스는 이렇게 말한다.

> "금식은 몸에 생리적 휴식을 주고
> 스스로 치유할 수 있도록
> 완벽하게 효율적인 상태가 되게 해준다.
> 적절한 금식은 건강을 다시 얻을 수 있는
> 가장 빠르고 안전한 방법이다."

금식은 면역체계를 강하게 만들고, 관절염 같은 염증들을 없애주며, 독소를 없애주고 플라그 같이 쌓인 찌꺼기들을 없애준다. 경우에 따라서 암을 감당할 수 있게 하고, 비만을 극복하게 하고 감각능력을 높여준다. 금식의 삶에는 많은 육체적 유익이 따른다. 하지만 건강만을 위한 금식은 성경적인 금식이 아니다. 성경적 금식에서 건강은 그 목표가 아니다. 건강은 따라 오는 혜택일 뿐이다. 금식의 목표는 믿음 안에서 하나님과 관계를 통해 완전한 하나님의 임재를 경험하는 것이다. 만약 당신이 건강을 위해 금식을 한다면 괜찮다. 하지만 그건 성경적인 금식은 아니다. 당신이 믿음 안에서 하나님을 만나기 위해 금식을 하고 금식으로 인해 더욱 건강해진다면 그것은 성경적인 금식이다.

어떤 부부가 금식한 지 8일 째에 이런 놀라운 이득을 깨달았다. 부인이 말한다.

"내 남편이 아침에 깼을 때
오른쪽 귀에 울리는 이명이 멈췄다.
그는 4톤의 지게차에 깔리는 끔찍한 사고로 인해
24년 동안 귀에 이명이 있었고 부분적으로 귀가 먹었었다.
그의 청각은 완벽하게 치유되었다.
이명도 멈추었다!"

그들이 금식을 한 것은 하나님과 믿음 안에서 관계를 맺기 위함이었다. 건강이 회복된 것은 따라온 이득이었다.

당신의 영혼이 건강해지는 과정에서 몸도 따라서 건강해

지는 것은 전혀 이상한 일이 아니다. 요한삼서 2절에 이렇게 말씀하신다.

"사랑하는 자여 네 영혼이 잘됨 같이 네가 범사에 잘되고 강건하기를 내가 간구하노라"

건강은 성경적 금식의 목표는 아니지만 확실히 좋은 결실은 될 수 있다.

아주 빨리 오는 치유

믿음 안의 금식은 초자연적 치유를 가져다 줄 수도 있다. 이사야 58장 8절에 아주 빠르게 오는 치유의 징후에 대해서 쓰여 있다. 이것은 하나님의 초자연적인 손길이다.

다윗은 금식을 통한 이 초자연적 치유의 힘에 대해서 이야기한다. 시편 35편 13절에서 다윗이 말한다.

"나는 저희가 병들었을 때에 굵은 베옷을 입으며 금식하여 내 영혼을 괴롭게 하였더니"

다윗은 아픈 환자들의 치유를 위해 금식과 기도를 했다.

남을 위해 금식을 했기 때문에 초자연적인 치유를 위한 수단이라고 생각했다. 또 다윗은 사무엘하 12장 15~18절에서도 역시 치유를 위해 금식을 하였다. 이때는 밧세바와 불륜의 관계에서 낳은 아들을 위해서였다. 그 아이는 하나님을 등진 다윗에 대한 심판으로 아프게 되었다. 다윗은 아들의 치유를 위해 기도와 금식을 하였다. 이 때 치유의 역사는 없었지만 다윗이 아픈 사람들을 위해서 금식과 기도를 했다는 것을 이 구절에서 알 수 있다.

다윗은 진정한 마음으로 금식을 하였다. 그는 자신의 희생이 있더라도 치유를 믿을 때 기도와 함께 하는 금식이 아주 중요하다고 믿었다. 또한 그는 집중하였다. 다윗은 금식과 기도에 자신의 모든 것을 온전히 바쳤다. 며칠 밤을 방바닥에서 지내기도 했다. 많은 사람들이 다윗에게 그만하고 휴식을 취하면서 음식을 섭취하라고 할 때에도 그는 금식을 계속 하였다.

다윗의 금식은 구체적이었다. 그는 자신의 아들의 치유를 위해 금식하였다. 하나님께 매달리는 그의 간절한 금식과 기도에도 아들이 죽자, 그는 금식을 중지하고 정상적인 삶으로 돌아갔다. 그의 금식의 한 가지 목적은 아들을 살리는 것이었다. 다윗의 금식은 진정한 것이었고, 집중적이었고, 구체적이었다.

예수님 이름 안의 정복자

20세기 초의 전도자인 가이 베빙턴은 다윗처럼 금식을 했다. 한번은 그가 오하이오주 클리브랜드에 있었는데, 채터누가에 있는 오랜 친구의 부인에게서 편지를 받았다. 그녀의 남편이 죽어가고 있다는 내용이었다. "당신이 이 편지를 받을 즈음 아마 내 남편은 장사한 후일 것입니다."

베빙턴은 그 편지를 기도실로 가져간 후 아무도 자신을 방해하지 말라고 부탁했다. 그는 금식하며 기도하기 시작했다. 그는 친구의 생사여부를 알기위해 열한시간 동안 기도를 했다. 베빙턴은 마음속에 생각이 너무 많았기 때문에 하나님의 음성을 듣는데 그렇게 오래 걸렸다고 했다. 하나님은 그에게 죽은 사람처럼 하얗게 누워있는 친구의 환상을 보여주셨다.

하지만 베빙턴은 환상을 깨지 않기 위해 5분 더 방바닥에 누워 기다렸고 마침내 친구가 오른손을 들어 올리고 웃는 모습을 보게 되었다. 친구가 살아있다는 것을 알게 된 후 베빙턴은 "아멘, 주님, 이제 그의 치유를 위해서!"라고 말했다. 그는 친구의 치유에 대한 하나님의 뜻을 알기 위해 9시간 더 기도를 했다. 합해서 20시간 동안 하나님 앞에 있었던 것이다. 그 후 46시간을 더 기도한 후 치유된 친구를 보게 되었다. 베빙턴은 "어두운 방에서 66시간 기도한 후 나는 예수님 이름으로 정복자가 되어 그 방을 나올 수 있었다"라고 간증했다.

친구는 회복되자마자 부인에게 베빙턴에게 편지를 썼느냐고 물었다. 부인이 그렇다고 하자 그는 "그 친구가 나를 위해 기도를 주었기 때문에 나을 수 있었다"라고 말했다. 베빙턴은 진심어린 마음으로 금식하며 기도에 집중했고, 금식의 목적이 명확했다.

신성한 치유의 여러 측면들

당신이 치유를 위해 금식할 때 치유는 삶의 여러 영역에서 일어날 수 있다. 첫째, 당신의 몸 혹은 당신이 사랑하는 사람의 몸이 치유될 수 있다. 당신을 위해, 혹은 당신이 사랑하는 사람을 위해 금식하며 기도하라. 하나님은 인간의 몸을 만져서 온전하게 만들 수 있다.

당신의 영혼을 치유하기 위해 금식할 수도 있다. 하나님은 내적 치유와 구원을 통해 영혼을 회복시키신다. 마가복음 9장 29절에서 예수님은 구속의 선물을 받기 위한 온 마음을 다한 기도의 중요성에 대해서 이야기하고 있는데 이 기도에 금식이 포함될 수 있다. 금식은 내적인 치유를 가져다준다.

인간의 심령 또한 치유를 필요로 한다. 다시 태어나지 않은 자들은 영적으로 죽어있다. 이들의 구원을 위해 금식하고 기도하라. 그들은 자신의 죽은 영을 살리기 위해 영적 치유가 필요하다.

마지막으로 공동체의 치유를 위해 금식을 하라. 교회, 도시 또는 국가도 치유가 필요하다. 니느웨에 사는 사람들이 금식을 하여 그 도시 전체가 공동의 죄로부터 치유가 되었다(요나 3장 6~10절).

사람과 땅의 치유를 위한 금식

1947년 프랭클린 홀은 '금식과 기도를 통한 하나님의 엄청난 권능(Atomic Power With God Through Fasting and Prayer)'이란 책을 썼다. 이 책은 많은 이들에게 치유와 회복을 위한 40일간의 금식을 하게 만든 기폭제 역할을 했다. 그 후 5년간 강력한 치유와 회복의 역사가 미국 전역을 휩쓸었다. 치유사역을 하는 많은 전도자들이 홀이 이 책에 쓴 금식의 지시 사항을 따라 했을 때 엄청난 기적들을 체험하고 목격했다. 이 회복의 물결에는 영혼의 치유도 있었고 땅의 치유도 있었다. '마지막 비(Latter Rain)'라 불린 회복 부흥회는 캐나다를 넘어 1948년 미국에 상륙했다. 빌리 그래함 목사의 사역은 일 년 후에 시작되었다. 1950년 애즈버리 대학에서는 아주 강력한 하나님의 손길을 느꼈다. 프랭클린 홀의 책에서 금식의 부름이 나간 후 50여개의 거대한 회복의 지진이 지구를 강타했다.

치유의 문 뒤에 보이는 이런 급속한 변화의 모습은 하나님의 초자연적 힘으로만 가능하다. 이 문을 열 수 있는 하나의 열쇠는 바로 금식이다.

계시의 어두운 면

유감스럽게도 이것이 이 이야기의 전부가 아니다. 이 전도자 안에 자만심과 독선이 싹트기 시작했다. 그가 젊은 나이에 요절하자 사람들은 그의 사역의 신실함에 대해 혼란에 휩싸였다. 나는 이 이야기의 불행한 부분을 나누어서 중요한 한 가지를 지적하고자 한다. 계시가 아무리 영향력 있고 대단하더라도 절대 완벽함을 보장하지는 않는다. 사실, 계시는 자만심을 가져다 줄 수 있다.
바울은 고린도후서 12장 7절에서 이렇게 말한다.

"여러 계시를 받은 것이 지극히 크므로 너무 자만하지 않게 하시려고 내 육체에 가시 곧 사단의 사자를 주셨으니 이는 나를 쳐서 너무 자만하지 않게 하려 하심이니라"

계시에 따른 교만에 빠지지 않도록 너 자신을 보호하라. 계시만으로는 부족하다. 이것은 위험할 수도 있다. 겸손함, 정직함, 남들과의 관계 같은 것들이 당신을 교만의 함정에 빠지지 않도록 도와줄 것이다. 그렇다면 당신은 안전하게 새벽같이 비치는 하나님의 계시의 빛을 위해 금식을 할 수 있을 것이다.

Chapter 6
거룩함을 위한 문

"네 의가 네 앞에 행하고"
(이사야 58장 8절)

영적 은혜의 원동력

이사야서에서는 당신이 금식하게 되면 "네 의가 네 앞에 행하고"(이사야 58장 8절)라고 말씀하고 있다. 의는 당신의 삶 속에서 스스로 나타나 사람들이 거룩함을 보게 된다. 하지만 금식이 당신을 경건하게 만들지는 않는다. 오직 성령님 한 분만이 할 수 있다. 당신이 성령으로 충만할 때 하나님의 불이 당신의 인간적 의지를 변화시켜 당신은 일관되게 그리고 열정적으로 하나님만을 선택하게 된다. 성령님은 당신 안에서 예수님의 모습이 나타나게 만드신다.

만약 성령만이 당신을 거룩하게 만들 수 있다면, 어떻게 금식이 거룩함의 열쇠가 될 수 있을까? 당신이 금식을 할 때 경건의 다른 원동력-예를 들어, 기도, 예배, (하나님 앞에) 무릎꿇음-과 함께 하면, 그 영적 원동력은 하나님 앞에 더 깊은 차원으로 나아간다. 성령으로 받는 세례를 금식과 함께 하라. 그리하면 당신의 삶 속에서 성령의 역사가 더 강력해진다. 금식은 성령의 불에 연료를 붓는 것과 같다!

먹는 것을 중단한다고 당신이 경건해지는 것은 아니다. 하지만 금식을 믿음과 합하면 성령께서 당신을 더 변화시킬 것이다. 성령이 당신의 삶 속에 하나님의 권능을 부어주실 것을 믿어라. 믿음 없이 혹은 성령 세례 없이 경건함을 위한 금식은 아무 소득 없는 훈련만 될 것이다. 믿음 없는 금식을 통해 경건함을 얻도록 노력해보라. 결국 당신은 율법주의에 빠지게 될 것이다. 당신은 경건함을 얻지 못하고 다만 지쳐 쓰러질 것이다.

믿음 안에서 금식을 하라. 성령께서 당신을 만나러 오실 것을 믿어라. 하나님의 은혜가 더 많이 부어질 것이다. 성령은 이기적인 세 가지 모습을 변화시킬 것이다.

하나님을 위해 택하라

당신의 방종을 이겨내기 위해 성령은 금식과 믿음을 통해 일하신다. 방종은 하나님의 뜻을 선택하지 못하게 막기 때문에 이것은 아주 중요하다. 성경 속의 역사적 이야기를 통해 음식에 빠지는 것이 얼마나 위험한 일인지 알 수 있다. 아담과 이브가 하나님을 순종하는 것 대신 금지된 과일을 먹음으로써 얻는 쾌락을 선택했기 때문에 이 세상에 죄가 나타났다. 에서는 자신의 음식에 대한 탐욕을 이겨내지 못하고 자신의 장자의 명분을 죽 한 그릇에 팔아 신성한 유산을 잃어버리게 되었다. 유대인들은 애굽 음식의 노예가 될 정도로 길들어져 하나님을 따르기를 거부하였다(창세기 3장 6절; 25장 29~34절, 출애굽기 16장 3절). 하나님의 뜻을 선택하는 것보다 자신의 쾌락을 위해 선택하는 것이 더 쉽다. 당신이 마음대로 하고 싶은 방종을 제어하지 못 한다면, 당신은 천국의 운명을 파괴하고, 하나님이 주신 유산을 못 받고, 하나님의 약속을 놓치게 된다.

여기 좋은 소식이 있다. 방종에 대한 끊임없는 유혹을 극복할 수 있다. 성령으로부터 받은 세례를 통해 하나님의 권능은 당신의 의지를 변화시켜 방종함보다 하나님의 즐거움을 선택할 수 있게 한다. 당신이 정기적으로 금식을 할 때 은혜의 힘은 더욱 더 강해져 하나님을 위한 선택을 할 수 있도록 해준다. 당신이 하나님을 위한 선택을 하는 것이 아니다. 단지 금식을 통한 하나님의 은혜가 당신이 열정적으로 하나님의 뜻을 선택할 수 있도록 힘을 준다.

예수님은 이런 신성한 비결의 힘을 알고 있었다. 예수님은 요단강에 계셨을 때 성령 충만하였다. 그 후 광야에서 40일간 금식하셨다. 사탄이 예수님의 방종을 끌어내 하나님의 더 큰 목적을 잊게 하려고 시도했을 때 예수님은 저항할 수 있었다. 예수님은 하나님을 위한 선택을 하였다. 예수님은 음식으로 유혹하려는 사탄에게 벼락같이 호통을 치셨다.

"사람이 떡으로만 살 것이 아니요 하나님의 입으로나오는 모든 말씀으로 살 것이라" (마태복음 4장 4절)

어떤 부부는 경건함을 위한 금식의 능력을 깨닫고 이렇게 말했다.

> "우리가 일주일에 한번 금식을 시작한 후
> 우리 둘 다 보통 때 넘어갈 수도 있는 유혹을
> 더 많이 이겨낼 수 있었다는 것을 깨달았다."

하나님께서는 당신이 이세상의 즐거움을 누리면서 살아

가길 원하신다. 하지만 동시에 하나님의 목적을 놓치면서까지 즐기는 것은 결코 원치 않으신다.

금식은 당신이 방종에 따른 그릇된 선택을 하지 않고 하나님의 뜻을 선택하는 능력을 부여해줄 수 있다.

올바르게 생각하기

방종뿐 아니라 자기기만도 역시 문제가 된다. 방종이 옳은 선택을 하지 못하게 하는 문제라면, 자기기만은 옳은 생각을 못하게 한다. 죄의 저주로 인해 인간의 마음에는 기만하는 마음이 있다. 이 기만으로 인해 당신은 자신이 세상의 중심이라고 생각하게 된다. 당신이 강하다고 꼬드긴다. 당신이 당신의 삶을 관리할 수 있다고 한다. 당신의 능력으로 모든 것을 통제할 수 있다고 한다. 그리고 하나님은 당신의 삶 어느 한 구석에 있다고 한다. 자기기만은 자신의 중요성을 착각하게 만든다.

성령은 당신이 다르게 선택하는 것도 원하시지만 당신이 다르게 생각하는 것도 원하신다. 바울은 로마서 12장 2절에 이렇게 쓰고 있다.

"너희는 이 세대를 본받지 말고 오직 마음을 새롭게 함으로

변화를 받아 하나님의 선하시고 기뻐하시고 온전하신 뜻이 무엇인지 분별하도록 하라"

성령이 당신 안에 임하실 때 그는 당신의 마음을 새로운 생각으로 채우신다. 그는 당신에게 자기중심이 아니라 하나님중심이라는 새로운 시각을 주신다. 금식은 성령이 당신의 마음을 변화시키는 데 도움이 된다.

솔직히 말하면, 나는 금식하는 걸 좋아하지는 않는다. 나는 금식할 때 몸도 안 좋고 머리가 아프다. 많은 때 나약해지는 느낌을 받고, 조마조마하고, 우울해진다. 하지만 이것이 바로 내 자신의 참모습을 가르쳐주는 하나님의 방법이다. 하나님은 내가 자기기만을 버리게 만들고 내가 세상의 중심이 아니라는 걸 가르쳐준다. 본래 나는 약하다. 나는 하나님의 은혜로만 만들어져있다. 하나님이 삶의 중심이다, 내가 아니다. 내 몸에서 음식을 비워내면 내가 약하다는 사실을 알게 되고 또 경험하게 된다. 세상에 살면서 꼭 경험해야하는 영적 진실들이 있다. 이러한 영적 경험이 모두 즐겁지는 않다. 당신은 자신이 얼마나 나약하고 깨지기 쉬운 존재라는 것을 알아야 한다. 그래야 하나님의 전능하심과 신실하심을 느끼게 된다. 금식은 당신을 나약하게 하고 하나님은 나약한 당신을 언제나 반겨주실 것이다. 금식은 당신의 잘 짜여진 기만을 파괴하고 하나님께 더 의존하도록 할 것이다. 요한 웨슬리는 사람들의 마음을 변화시키는 금식의 능력을 목도할 수 있었다. 그는 또 "감리교 신자들이 일반적으로 구원의 삶을 살지 못하는 이유는 금식과 금욕, 자기진단을 너무 적게 하기 때문이다"라고 말했다.

교회에서 기만을 없애기

윌리엄 듀마 목사는 성도들을 위해 기도하는 중 자기기만이 그의 교회에 존재한다는 것을 알아챘다. 그는 즉시 교회 지도자들을 모은 후 다음 성찬식까지 금식과 기도를 통해 자신들의 삶 안에 기만함이 있는지 알아보도록 했다. 예배 중 듀마 목사는 성령의 힘이 교회 내에 임재하심을 깨달았다. 그가 성찬식을 인도할 때 금식과 기도를 거부하던 교회 지도자 중 한 명이 빵이 든 접시를 떨어뜨리고 땅에 쓰러졌다. 그는 바로 다른 방으로 옮겨졌다.

교회는 두려움에 휩싸였다. 하나님의 신성한 임재하심이 예배를 품어 안고 있음을 느낄 수 있었다. 그 후 쓰러진 그 교회 지도자는 듀마 목사에게 자신의 기만과 위선을 고백하였다. 그는 자신의 직장과 개인적 삶 속에 있는 잘못된 행동에 대해 고백했다. 그는 예수님과 교회 신도들에게 용서를 구했다. 듀마 목사는 "성도들의 신앙생활과 교회의 힘이 눈에 띄게 깊어졌다. 이제 더욱 더 뚜렷하게 기독교인들이 필요로 하는 것이 무엇인지 깨달았다. 그것은 바로 하나님에 대한 갈급함이다."

성령은 당신과 교회의 마음을 새롭게 한다. 성령은 금식을 통해 당신이 생각하는 방식을 변화시키신다. 성령은 당신에게 자기기만에 빠진 마음 대신 그리스도의 마음을 주신다.

율법주의 혹은 중독

성령님은 자기만족을 이겨낼 수 있는 힘을 주신다. 당신의 육체는 자기만족을 열망한다. 그것이 음식일 수도 있고, 섹스나 잠 또는 편안함일 수도 있다. 이러한 열망이 자제되고 다스려지지 않으면 몸이 원하는 욕구가 당신의 삶을 지배할 것이다. 억제되지 않은 이러한 자기만족감은 당신의 육체로 인하여 적들에게 노예처럼 속박될 수 있게 만든다. 이것이 바로 바울이 이런 열망을 다스려야한다고 반복해서 주장하는 이유이다. 로마서 13장 14절에서 바울은 "정욕을 위하여 육신의 일을 도모하지 말라"고 말한다. 그는 믿는 자들에게 골로새서 3장 5절을 통해 이렇게 말한다. "그러므로 땅에 있는 지체를 죽이라." 다시 말해서 자신의 몸을 잘 관리하라는 뜻이다. 고린도전서 9장 27절에서 바울은 자신을 몸을 훈련시키는 운동선수에 비유하고 있다. 그는 몸을 영의 종이 되게 만들어야 한다고 말한다.

미리 잘 준비해서 당신의 몸을 관리하라. 그렇지 않으면 사탄이 당신의 몸을 중독과 나쁜 습관으로 지배할 것이다. 어떤 신자들은 율법의 쇠사슬로 자신의 몸을 제어하려고 한다. 이런 사람들은 자신의 몸을 지나치게 규칙과 규제와 규율로 묶어버려 만족감을 느낄 수 없게 된다. 그들은 모든 만족감을 거부함으로써 자기만족감의 멍에에서 벗어날 수 있다고 믿는다. 하지만 하나님은 당신의 몸이 느끼는 배고픔도 만드셨다. 만족감 자체는 나쁜 것이 아니다. 하지만 통제되지 않으면 중독의 쇠사슬과 줄이 당신을 휘감을 것이다.

당신에게 주어진 선택권은 이 두 가지뿐인가? 율법주의나 중독에 당신을 묶는 것? 다른 방법도 있다. 성령은 그의 완전함으로 당신에게 권능을 줄 수 있다. 성령이 당신을 변화시켜 예수 그리스도에 대해 엄청난 열정을 갖게 되면 다른 모든 열정들을 2순위로 밀어낼 수 있다. 금식을 통해 당신은 성령의 도움으로 예수님에 대한 이 열정을 당신의 삶 속에 불어넣을 수 있다. 금식은 음식, 섹스와 잠에 대한 욕망을 저지할 수 있다. 음식은 당신의 몸이 원하는 욕구를 공급하기 때문에 금식을 통해 이를 억제할 수 있다. 금식은 자기만족의 적이다. 금식은 성령이 신성한 불을 당신에게 작동할 수 있게 한다.

불에 의한 침투

시므온 경은 이 신성화에 대해서 이렇게 설명한다.

> "적나라하게 태우는 성령의 신성한 불을
> 마음속에 지닌 사람이 불이 붙지 않을 수 있는가?
> 빛이 나지 않을 수 있는가?
> 이 불의 침투와 정화에 의해 신성함이
> 발하지 않을 수 있는가?
> 불에 의한 침투는 마음을 정화시키고,
> 마음의 정화는 불의 침투가 뒤따른다."

금식의 삶이 이런 불의 침투를 도와준다. 이것이 이 신성화 과정의 한 부분이다. 이런 성령과 매일 동행하는 삶을 통해 당신은 예수님처럼 선택하고, 예수님처럼 생각하고, 예수님처럼 느끼게 된다. 금식은 성령이 주신 신성한 불에 은혜를 주입하는 것이다. 믿음 안에서 금식하면 성령은 당신의 의지, 생각, 몸에 대단한 변화를 가지고 올 것이다. 성령은 당신 앞에 의로운 길을 놓아줄 것이다.

"여러 계시를 받은 것이 지극히 크므로 너무 자만하지 않게 하시려고 내 육체에 가시 곧 사단의 사자를 주셨으니 이는 나를 쳐서 너무 자만하지 않게 하려 하심이니라"

계시에 따른 교만에 빠지지 않도록 너 자신을 보호하라. 계시만으로는 부족하다. 이것은 위험할 수도 있다. 겸손함, 정직함, 남들과의 관계 같은 것들이 당신을 교만의 함정에 빠지지 않도록 도와줄 것이다. 그렇다면 당신은 안전하게 새벽같이 비치는 하나님의 계시의 빛을 위해 금식을 할 수 있을 것이다.

Chapter 7
보호의 문

"여호와의 영광이 네 뒤에 호위하리니"
(이사야 58장 8절)

위험한 여행

에스라와 1754명의 남자와 여자, 그리고 아이들은 포로 된 땅 바벨론을 떠나 고향 예루살렘에 재정착하기 위해 떠날 준비를 하고 국경 위에 서 있었다. 이 여행은 장장 5개월이 걸릴 긴 여행이었다. 그들은 무정부 상태의 위험한 부족들과 노상강도가 들끓는 지역을 지나가야 했다. 게다가 그들은 예루살렘 정착과 재건축을 위한 30~40억 달러 상당의 재물을 가지고 있었다!

이것이 도움을 필요로 하는 사람들의 모습이다. 그리고 우리 같은 모든 믿는 자들의 모습이기도 하다. 당신도 천국의 집으로 가기 위해 이 세상을 여행하고 있다. 성경에 의하면 당신은 '이 악한 세대'를 여행하고 있는 것이다. 이 안에는 다른 이들을 죽이고, 약탈하고, 파괴하려고 하는 초자연적인 하나님의 적들과 악랄한 강도들이 가득 차 있다. 그리고 당신은 하나님 나라의 보물을 지니고 있다. 이것이 바로 예수님이 제자들에게 "다만 악에서 구하옵소서"(마태복음 6장 13절)라고 기도하길 권면하신 이유다. 그리고 또 예수님이 제자들을 위해 "오직 악에 빠지지 않게 보전하시기를 위함이니이다"(요한복음 17장 15절)라고 기도하신 이유이기도 하다. 당신의 여행을 위해 어디서 보호를 받는가? 다시 에스라를 보자. 바벨론의 호위대에 의지하는 대신 그는 더 믿을 수 있는 이에게 의지했다. 바로 전능하신 하나님이다. 에스라는 사람들에게 하나님의 보호를 위해 금식기도를 하자고 요청했다. 그는 여행 끝즈음 이렇게 간증을 했다.

"우리 하나님의 손이 우리를 도우사 대적과 길에 매복한 자의 손에서 건지신지라"(에스라 8장 31절)

영광과 보호

금식은 당신의 삶을 위해 하나님의 보호를 얻는 문을 열어준다. 이사야 58장 8절에는 당신이 올바른 금식을 할 때 "여호와의 영광이 네 뒤에 호위하리니"라고 쓰여 있다. 이 이사야 구절은 홍해 앞에서 궁지에 빠져 있는 백만 히브리인들을 학살하려고 애굽의 군대가 뒤쫓아 오던 이스라엘 역사의 시점에 대해서 말하는 것이다. 그때 하나님의 영광의 구름 기둥이 군중 앞에서 뒤로 옮겨 히브리인들을 안전하게 안내했다. 이 구름 기둥은 히브리인과 애굽 군대 사이에서 보호대가 되었다(출애굽기 14장 5~20절).

출애굽기 14장 20절엔 이렇게 쓰여 있다.

"애굽 진과 이스라엘 진 사이에 이르러 서니 저편은 구름과 흑암이 있고 이편은 밤이 광명하므로 밤새도록 저편이 이편에 가까이 못하였더라"

다시 말해서 하나님의 영광이 그들의 후위를 보호하였던 것이다. 성경 안에는 금식을 통해 하나님의 보호를 받은 많은 기록들이 있다. 만약 당신이 공격을 받고 있거나 영적으로 취약한 곳에 있다고 생각한다면, 하나님의 영광이 보호를 가져다주는 두 가지 방법을 보라. 그리고 금식이 어떻게 하나님의 영광을 가져다주는지 알아보라.

적의 계획을 혼란시켜라

하나님의 영광이 당신을 보호하는 한 가지 방식은 악을 당신으로부터 멀리 두는 것이다. 하나님은 악한 세력에게 어둠을 보내셔서 당신에게 가까이 가지 못하게 만드신다. 하나님의 영광이 애굽 군대에게 혼란을 가지고 온 것처럼, 하나님은 적들의 당신에 대한 계획을 혼란시키실 것이다.

유다 왕 여호사밧은 그런 도움이 필요했다. 그는 주위의 몇 적국들이 연합해 하나로 뭉쳐 엄청난 군대를 만들었다는 사실을 알게 되었다. 그들의 목적은 유다를 파괴하는 것이었다. 유다 사람들은 이렇게 큰 대규모의 공격을 물리칠 수 있는 힘을 가지지 않았다. 그래서 왕은 모든 사람을 -남자, 여자, 어린이들까지- 불러 예루살렘에서 함께 금식하자고 했다. 모든 이들이 모였을 때 왕은 하나님께 기도했다.

"어떻게 할 줄도 알지 못하옵고 오직 주만 바라보나이다 하고" (역대하 20장 12절)

유다의 금식과 기도로 인해 세 가지가 이루어지기 시작했다. 첫 번째는 성령이 야하시엘을 통해 예언하였다.

"이 큰 무리로 인하여 두려워하거나 놀라지 말라 이 전쟁이 너희에게 속한 것이 아니요 하나님께 속한 것이니라."

(역대하 20장 15절)

둘째는, 사람들이 이 예언적 약속에서 하나님의 응답을 들었기 때문에 하나님을 위해 뜨겁게 예배를 드리고 도시 밖에 나가 다가오는 적의 군대 앞으로 나아갔다. 세 번째로, 그들이 하나님을 찬양하는 가운데, 하나님의 영광이 침입하는 적들의 군대 안에 혼란을 불러 일으켜 자기들끼리 서로 공격하여 내분으로 적들은 전멸 당했다. (역대하 20장 1~30절).

유다를 공격한 이 전쟁은 자연적인 전쟁이기도 하지만 초자연적이라는 것도 명확하다. 이스라엘 사람들은 외부 적들로부터 대규모 공격을 받았을 뿐만 아니라, 내부적으로 두려움의 공격도 받았다. 그들의 금식을 통해, 하나님은 예언과 찬양으로 그 두려움을 떨쳐버릴 수 있게 하셨다. 그 후 하나님은 초자연적인 힘으로 외부의 적들을 혼란에 빠뜨려 파괴하였다. 만약 유다 사람들이 두려움에 굴복했다면 그들은 적에게 붕괴되었을 것이다. 오히려 국가적 위기가 부흥으로 바뀌었다!

올가 로버트슨은 필리핀에 있는 문틴루파 교도소에서 수

년간 사역해 왔다. 그녀는 200명의 수감자가 있는 감방 안에 들어가기도 하였다. 이 안에 있는 재소자들은 살인과 강간을 저지른 사람들이었다. 이들은 매우 사악한 사람들이었다. 올가는 아주 큰 용기를 가지고 들어갔다. 그녀는 두려움이 없었고 수감자들도 그것을 알았다. 그녀의 비밀은 무엇이었을까? 그녀의 간증을 들어보자. "만약 내가 일주일에 한 번씩 금식을 하지 않았다면 나는 절대로 이런 일을 할 수 없다. 이 안에 있는 많은 남자들은 악마를 품고 있고 나는 사역을 하기위해 하나님의 힘이 필요하다." 금식은 초자연적인 힘으로 내적인 그리고 외적인 보호를 제공해 준다.

당신은 끊임없는 적의 공격을 받고 있는가? 혹은 인생의 고비를 맞고 있는가? 금식기도를 하라. 그리하면 하나님의 영광이 당신을 내부와 외부의 공격으로부터 당신을 구해줄 것이다.

어디로 가는지 알라

하나님은 악을 당신으로부터 멀리 두신다. 뿐만 아니라 당신을 악으로부터 멀리 두신다. 하나님이 구름 기둥을 보내 이스라엘의 후위를 보호하셨을 때, 애굽 군사들에게 어둠을 보내시고, 이스라엘 백성에게는 빛을 보내셨다. 하나님은 히브리인들에게 빛을 보내 적의 군대를 보게 하시고 그들의 진영에 들어가지 않도록 도와주신 것이다. 이 악한 세대는 당신의 영적인 힘을 무너뜨리기 위한 사탄의 기만함이 꽉 찬 지뢰밭과 같다. 하지만 하나님은 당신의 영 안에 빛을 보내 이 위험과 유혹과 함정을 피해갈 수 있게 가르쳐 준다. 당신은 어디로 가야 하는지 알아야 한다.

에스더는 자신이 이런 지뢰밭에 서있는 것을 알았다. 그녀는 하나님의 빛이 필사적으로 필요했다. 바사(페르시아)왕은 그녀가 히브리인인줄 모르고 그녀를 택해 왕비로 삼았다. 이때 정부 안에 사악한 자가 유대인을 멸살시키려는 음모를 꾸미고 있었다. 에스더에게는 왕에 접근할 수 있는 권한이 있었기 때문에 그녀만이 이 대형 참사를 막을 수 있었다. 하지만 문제가 있었다. 왕에 대한 의전에 의하면 에스더가 소청을 가지고 왕에게 접촉하는 것이 금지된 것이다. 어긴다면 그녀는 필시 사형선고를 받을 것이다.

에스더는 그녀의 사촌 오빠 모르드개를 통해 모든 유대인들에게 강력한 금식을 하라는 말을 퍼뜨렸다. 3일 동안 물도 마시지 않고 음식도 없는 금식. 이 금식으로 세 가지 일이 행해졌다. 첫 번째는 에스더가 왕에게 다가갔을 때 왕은 에스더를 아주 큰 사랑으로 맞이했다. 둘째는 하나님은 에스더에게 사악한 음모를 왕이 알 수 있게 할 독특한 계획을 주셨다. 마지막으로 하나님은 왕과 사악한 자의 마음을 움직여 무의식적으로 에스더의 계획에 따라 행동하게 하셨다. 결국 왕은 유대인들을 멸살하려한 음모를 꾸민 자를 처형했다(에스더 1~8장).

하나님의 영광은 당신에게 빛을 주어 악마의 계획을 무찌르시는 하나님의 계획을 통해 당신을 승리로 이끄신다. 또한 하나님의 영광은 당신에게 신성함을 불어넣어 적들이 당신을 유혹을 통해 끌어내릴 수 있는 발판을 없애버린다. 금식은 더 큰 하나님의 영광을 이끌어내어 당신을 악으로부터 보호한다.

하나님은 당신을 도울 것이다

나는 미시건주 브라운시티에 있는 캠프에서 금식에 대해 가르치고 있었다. 모임이 끝난 후 한 평범한 농부의 아내 새라 해저드는 나에게 40일 금식을 세 번 해봤다고 말해주었다. 그 중 한 번, 그녀가 부엌에 있을 때 하나님이 뚜렷하게 말하셨다. "나 하나님은 너를 도울 것이다." 이 말을 들은 후 얼마 지나지 않아 그녀는 집 밖에서 무엇인가 폭발하는 소리를 들었다. 하나님은 또 이렇게 말하셨다

"나는 너를 도울 것이다." 새라가 밖을 보자, 헛간 옆에 있던 트랙터 위에서 불이 피어오르고 있었다. 그녀의 남편은 아무것도 걸치지 않은 채 불 쪽에서 뛰어오고 있었다. 그는 불에 휩싸였고 그는 옷을 벗어버려야 했다. 그녀는 그가 걸칠 수 있는 옷가지를 들고 뛰어나갔다.

그들이 불을 피해 도망가는 동안 남편이 그녀에게 물었다 "트랙터를 잃어버리고 나면 우리는 어떻게 하지?" 그녀는 말했다 "하나님은 우리를 도와주실 거예요." 그녀의 말이 끝나기 무섭게 그는 "저것 좀 봐! 저것 좀 봐!"라고 외쳤다. 새라가 보자 불은 트랙터 옆에 있던 석유 드럼통과 가스통으로 옮겨 붙기 시작했다. 불은 컨테이너 안으로 들어간 후 꺼졌다. 새라가 나중에 그 가스통을 점검했을 때 가스는 반 정도 남아 있었다. 그녀의 남편은 다리 뒤쪽에 심한 화상을 입었다. 의사가 피부이식 수술을 해야 한다고 했지만 그의 다리는 완벽하게 나았고 그저 팔 쪽에 자그마한 흉터만 남았다. 트랙터는 녹아버린 몇 달러짜리 작은 부품 하나를 갈아 끼우니 정상적으로 작동했다.

그렇다면 당신이 금식기도를 하면 절대로 피해를 받지 않을까? 아니다. 바울은 금식기도를 자주 했지만 때때로 적들에게 공격을 받았다. 그는 어쨌든 끊임없이 최전방에 서 있었다. 하지만 그가 금식기도를 하지 않았다면 더 많은 해를 받았을지 모른다. 이 시대는 사악한 시대이며 당신의 적들은 호시탐탐 당신을 노리고 있다. 하지만 당신에게는 당신이 찾을 때 당신을 보호하기 위해 움직이시는 강력한 하나님이 있다. 하나님의 영광을 드높이기 위해 금식을 하라. 적들은 혼란에 빠질 것이고 당신은 빛을 받을 것이다.

Chapter 8
응답의 문

"네가 부를 때에는 나 여호와가 응답하겠고"
(이사야 58장 9절)

응답이 없을 때

 기도를 했지만 응답이 없을 때 당신은 무엇을 하는가? 전심을 다한 기도를 하라. 이것은 극단적 기도이다. 예레미야 29장 13절에 하나님은 이렇게 말씀하신다.

"너희가 전심으로 나를 찾고 찾으면 나를 만나리라"

전심을 다한 기도에는 무슨 일이 생길까? 요엘 2장 12절에서 하나님은 말씀하신다. "너희는 이제라도 금식하고 울며 애통하고 마음을 다하여 내게로 돌아오라." 당신이 금식을 하며 전심을 다해 하나님을 구하면 주님은 반드시 당신에게 응답하신다(이사야 58장 9절). 온 마음을 다해 기도해본 적이 있는가? 이는 먹는 것, 자는 것, 친구들과의 만남과 감정적 편안함 등 모든 것을 하나님의 응답을 듣기 전까지 보류하는 것을 의미한다. 이런 기도는, 하나님의 응답을 막고 있는 어떤 어려운 상황 속에서 절대적으로 필요하다.

자기의존을 바꿔라

자기의존은 당신을 믿음에서 멀어지게 한다. 믿음 없이는 하나님의 응답을 들을 수 없다. 온 마음을 다한 기도는 당신의 태도를 바꾼다. 당신을 자기를 의지하는 자로부터 하나님을 의지하는 자로 바꾼다. 금식과 함께 하나님께 의지하는 것을 믿어라. 자기의존은 당신을 현혹시킬 수 있다. 자기의존은 당신의 자아에 대한 집착을 의미하는 것이 아닐 수도 있다. 당신이 죄에 대한 증오, 거룩함에 대한 열정 또는 사역에 대한 열정을 믿는다고 치자. 이 또한 당신은 하나님 대신 당신의 능력을 믿는 것이다.

이스라엘이 왕을 세우기 전 베냐민족은 잔인한 행동을 하고 온 이스라엘에 반항했다. 이스라엘의 다른 부족들은 50만의 병력을 앞세워 베냐민족의 반란을 진압하기 시작했다. 하나님은 이스라엘에게 유다의 강한 병력을 먼저 보내게 하셨다. 하지만 첫 번째 전투에서 2만2천의 유다 군사가 베냐민족에 의해 죽임을 당했다. 그 다음 하나님은 다른 부족들에게 병력을 보내게 하셨다. 두 번째 전투에서 이스라엘은 1만8천의 병력을 잃었다. 이 전투에서 대패한 후 이스라엘 백성들은 하나님 앞에 하루 밤낮을 울며 금식을 했다. 하나님은 승리를 약속하셨다. 이스라엘이 다시 공격했을 때 2만 5천의 베냐민족의 목숨을 빼앗아 대승을 거두었다. 반란은 끝났다(사사기 20장 1~48절).

처음 두 번의 전투와 마지막 전투는 무엇이 달랐는가? 금식은 이스라엘의 태도를 바꾸었다. 금식하기 전, 사람들은 베냐민족에 대한 분노와 애국심에 의존해 싸웠다. 두 번의 패배와 금식 후 그들은 하나님께 의지해 싸웠다.

허드슨 테일러는 금식을 자주 하는 중국 기독교인들을 찾았다. 그는 이렇게 말했다.

"많은 사람들이 꺼려하는 금식은
하나님에 대한 믿음이 필요하다는 것을 그들은 깨달았다.
또 금식은 우리들을 약하고 보잘 것 없게 만들기 때문에
하나님의 은총을 받는 신령한 방법이라는 것도 깨달았다.
아마도 우리 일에 가장 큰 방해물은
우리가 상상하는 우리 자신의 힘일 것이다.
우리는 금식을 통해 우리가 얼마나 나약하고
보잘 것 없는 존재인지 깨닫게 된다."

금식은 당신이 생각하는 당신의 능력 대신 하나님의 힘에 의존하게 만든다. 당신의 태도가 바뀔 때 믿음이 생긴다. 그리고 하나님의 응답이 온다.

사탄의 저항을 깨라

하나님의 공급하심을 가로막는 사탄의 방해로 하나님의 응답이 항상 오지는 못한다. 원수를 대적하기 위해 금식을 해라. 당신이 전심을 다해 기도할 때 사탄의 힘은 저항에서 후퇴로 바뀌게 된다.

다니엘은 악마의 활기가 가득한 땅에서 유배생활을 했다. 어느 날 그는 하나님께 요청을 했다. 하나님은 다니엘의 기도를 듣고 즉시 응답하셨다. 하지만 페르시아왕국의 왕자라는 강한 악마의 힘이 그 땅에 군림해 천국의 사자가 다니엘에게 오는 것을 저지했다. 사탄이 방해하는 동안 다니엘은 21일 동안 금식을 했다. 다니엘이 전심을 다해 기도를 했기 때문에 하나님은 천사의 힘을 더하여 그 저항을 무찌를 수 있었다. 다니엘의 기도에 대한 응답은 예상했던 것보다 21일 늦어졌지만 마침내 도착했다. 다니엘이 금식을 하지 않았더라면 페르시아왕국이 다니엘이 찾고 있던 응답을 막을 수도 있었다(다니엘 10장 1~21절).

사탄의 힘은 하나님이 당신에게 준 응답과 싸우고 있다. 항상 방해를 한다. 이것은 전도, 선교, 그리고 어떤 지역의 변화에 대항한다. 천국의 사자는 다니엘에게 페르시아 왕자를 극복하게 될 것이고 다음에 그리스의 왕자가 올 것이라고 알려주었다(다니엘 10장 20절). 악마들은 하나님이 이 땅에서 하실 사역들을 방해하기 위해 줄지어 서있다. 하지만 당신은 적들에 대항하는 하나님의 저항세력에 속해있다. 온 마음을 다한 기도는 악마의 방해를 깨부수고 하나님의 공급하심을 원활하게 만들어준다.

과테말라의 도시 알모롱가는 사탄의 강력한 방해 안에 있는 도시였다. 알코올중독, 부도덕과 학대가 만연하고 있었다. 전도자들은 쫓겨났다. 교회들은 숫자도 작고 약했다. 토착신앙은 사탄의 방해에 힘을 더해주고 있었다. 한 교회가 온 마음을 다하여 적들을 두고 기도를 하기 시작했다. 그로 인해 토착신앙을 가진 사람들이 구원받았다. 어떤 사람들은 치유 받았다. 전심을 다한 기도를 수년 동안 계속함으로써 사탄의 방해를 극복하게 된 것이다. 현재는 25개의 복음주의 교회들이 세워져 있다. 그중 4개의 교회에는 천명 이상의 신자들이 있다. 최근에는 1만 8천의 인구 중 1만 2천에서 1만 5천의 사람들이 광장에 모여서 기도를 드렸다. 교도소는 비었고, 술집은 없어지고 있고 사람들은 하나님의 축복 아래 번성하고 있다. 세속적 정기간

행물 크로니카 세미널은 이렇게 쓰고 있다.

"복음주의 교회는 스페인의 정복 이래
과테말라에서 일어난 종교적 변화 중에서
가장 큰 영향을 끼쳤다."

하나님의 성스러운 힘이 사악한 저항을 정복하도록 금식하라. 당신은 적진에 하나님의 응답을 들려줄 수 있다.

하나님은 친구를 원하신다

하나님의 의로운 분노가 죄악에 쌓인 고집스러운 사람들에게 나타날 때 하나님의 응답은 오지 않는다. 하나님은 심판 아래 있는 사람들에게 축복을 주시지 않는다. 하나님의 응답을 받을 수 있는 유일한 희망은 전심을 다한 기도이다. 금식기도는 하나님의 마음을 변화시킬 수 있다. 하지만 당신이 하나님을 변화시킬 수 있는 힘이 있는 것 같다고 너무 자랑스러워하지 말라. 이것이 가능한 이유는, 단지 하나님께서 자비의 도피구를 만들어주셨기 때문이다. 생각해 보라. 하나님은 당신이 하나님의 주권 안으로 들어와 하나님의 분노를 자비로 바꾸기를 원하신다.

사람들이 죄를 지을 때 하나님은 대답하는 세 가지 방법을 설정해놓으셨다. 첫 번째 방법은, 하나님께서 의로운 분노로 그들을 처벌하고 파괴하는 것이다. 두 번째는 사람들이 회개할 때에 그들을 용서하는 것이다. 그리고 세 번째도 있다. 사람들이 고집스럽게 계속 회개를 안 할 때 하나님은 그래도 자비를 보여주실 수 있다. 하지만 누군가가 전심을 다한 기도로 이 자비의 도피구를 사용하는 중보자가 있어야 한다. 하나님은 하나님의 마음을 분노에서 자비로 바꿀 수 있는 친구를 찾고 계신다. 이사야 59장 16절에 말씀하신다. "사람이 없음을 보시며 중재자 없음을 이상히 여기셨으므로.." 하나님이 심판 아래 있는 백성들을 위해 자비의 도피구를 쓸 수 있는 사람을 찾다 결국 못 찾자 하나님은 말을 잇지 못하셨다.

하나님은 히브리인들이 황금송아지를 숭배하기 시작했을 때 몹시 화가 나셨다. 하나님은 모세에게 히브리인들을 멸하겠다고 말씀하셨다. 하나님은 그들의 반항을 더 이상 참지 못하셨다. 모세는 40일간 밤낮을 가리지 않고 금식하며 온 마음을 다 해 기도했다. 이 시간에 모세는 하나님께 하나님 이름의 명예에 대해 얘기했고, 하나님의 약속을 상기시켰고, 하나님의 영광을 보여 달라고 애원하였다. 하나님은 히브리인들을 멸하려하신 마음을 돌이키셨지만, 히브리인들과 같이 약속의 땅에 들어가지는 않겠다고 말씀하셨다. 모세는 하나님께 용감한 간구를 드렸다. "주께서 친히 가지 아니하시려거든 우리를 이곳에서 올려 보내지 마옵소서"(출애굽기 33장 15절). 그러자 하나님은 모세와 친구들과는 같이 갈 수 있지만 히브리인들과는 같이 안 들어가겠다고 하셨다. 모세는 그때 히브리인 없이는 같이 못 들어가겠다고 하나님에게 답하였다. 결국 하나님은 모세와 그의 백성들과 같이 가겠다고 응답하셨다. 모세는 하나님의 약속을 받기 위해 하나님을 압박한 것이다. 모세는 하나님이 히브리인의 하나님이 될 것이라는 약속을 원했던 것이다. 그는 그것을 받았다(출애굽기 32~34장)(신명기 9장 7~29절).

모세와 하나님이 맞붙어 씨름한 40일 동안 하나님의 마음은 분노에서 자비로 바뀌었다. 하나님은 용감하고 자기를 숭배하는 친구가 하나 있었던 것이다. 하나님은 모세에게 말했다.

"너의 말하는 이 일도 내가 하리니 너는 내 목전에 은총을 입었고 내가 이름으로도 너를 앎이니라" (출애굽기 33장 17절)

하나님은 친구로서 하나님의 마음을 변화시키는 중재자를 사랑하신다.

오후에 변한 하나님의 마음

미국의 전도자 무디 목사가 런던을 방문했을 때 어떤 교회의 아침 설교를 맡아달라는 예상 밖의 초청을 받았다. 차갑고 죽어있는 교회였다. 예배 중 전혀 아무 일도 일어나지 않았다. 그날 저녁 무디 목사는 같은 교회에서 설교를 한 번 더 하였다. 그때 하나님의 영이 강력하게 임재했다. 수많은 사람들이 예수 그리스도를 영접하라는 초대에 응했다. 결국 무디 목사는 그 교회에서 10일을 보내게 되었고 400명 이상의 사람들이 주님 앞에 나오는 것을 보았다.

무엇 때문에 아침예배와 오후예배가 그렇게 달랐을까? 몇 달 동안 아파서 침대에 누워 지냈던 어떤 여자 성도가 이 교회에 부흥이 일어나도록 기도를 하고 있었다. 무디 목사가 런던에 오기 오래 전 그녀는 미국에서의 그의 사역에 대해 알게 되었다. 그녀는 무디 목사를 이 교회로 보내달라고 하나님께 은밀히 기도를 드렸다. 그녀의 여동생이 그날 아침예배를 드리고 집에 돌아와, 기대하지 않은 손님이 교회에 왔고 자기가 잘 모르는 무디 목사라는 분이 설교를 했다고 전해주었을 때 이 중재자는 하얗게 질려 이렇게 말했다. "하나님이 내 기도를 들어주셨다!" 그녀는 그날 오후 내내 금식하며 기도했다. 그녀는 이 차갑고 반항에 찬

교회에 대한 하나님의 분노를 자비로 바꾼 것이다. 부흥과 회복의 불이 그날 밤 떨어졌다. 무디 목사는 이 한 번의 집회로 인해 그가 후일 영국에 돌아와 수천 명의 사람들이 구원받고 온 나라에 부흥의 불길이 번지게 된 문이 열렸다고 믿었다.

당신도 하나님의 마음을 바꾸기 위한 금식기도를 통해 하나님의 응답의 문을 열 수 있다. 하나님의 마음이 바뀌면 홍수처럼 밀려드는 하나님의 자비로움을 막을 수 없다. 전심을 다한 기도가 당신의 태도를 바꾸든지, 영적 전쟁의 결과를 바꾸든지, 혹은 하나님의 마음을 바꾸든지, 무엇인가 변화할 것이다. 전심을 다해 하나님을 부르라. 그러면 하나님의 응답이 올 것이다.

Chapter 9
임재의 문

"네가 부르짖을 때에는 말하기를 내가 여기 있다 하리라"
(이사야 58장 9절)

예수님의 금식

 예수님의 금식에 대한 중요한 가르침이 마가복음 2장 18~22절에 있다. 바리새인들과 세례 요한의 제자들은 금식을 하고 있었지만 예수님의 제자들은 하지 않고 있었다. 사람들이 물었다. "요한의 제자들과 바리새인의 제자들은 금식하는데 어찌하여 당신의 제자들은 금식하지 아니하나이까." 예수님은 대답에서 세 가지 진실을 보여 주었다.

첫째, 예수님의 제자들은 그 당시 금식을 할 필요가 없었다. 그 시절 금식이란 대부분의 유대인들에게 있어 죄 혹은 죽음에 대한 슬픔의 표시였기 때문에, 예수님은 그 당시가 제자들에게 슬픔의 시간이 아니라 기쁨의 시간이라는 것을 지적한 것이다. 제자들은 신랑과 함께 있었다. 하나님의 왕국이 이 세상으로 오고 있었다. 금식(fasting)보다는 축제(feasting)의 시간인 것이다. 이때는 장례식이 아니라 결혼식인 것이었다.

둘째, 지금은 아니지만 제자들이 금식해야 하는 날이 나중에 올 것이다. 그것이 언제일까? 신랑이 그들에게서 떠나고 나면, 즉 예수님이 육체적으로 그의 제자들과 함께 있지 않을 때 그들은 금식을 해야 한다.

셋째, 그날이 오면 금식의 목적이 달라질 것이다. 전에는 금식의 주된 목적이 회개와 슬픔의 표현이었다. 하지만 예수님의 제자들에게 있어서, 주님이 더 이상 곁에 없을 때 금식은 예수님과의 영적인 교제를 위한 방법이 될 것이다.

금식은 영적 교감을 높인다

여기서 예수님은 새 포도주 부대의 금식에 대해 말씀하신다. 예수님은 하나님의 새로운 사역(새 포도주)을 위해서는 새로운 방법(새 가죽 부대)이 필요하다고 말씀하신다. 하나님의 왕국에서 금식을 위한 가장 새롭고 가장 큰 목적은 지금은 없는 신랑, 즉 하늘에 오르신 예수님과의 교제이다. 베드로전서 1장 8~9절에서 말씀하시기를,

"예수를 너희가 보지 못하였으나 사랑하는도다. 이제도 보지 못하나 믿고 말할 수 없는 영광스러운 즐거움으로 기뻐하니 믿음의 결국 곧 영혼의 구원을 받음이라"

육체의 모습을 지니고 눈에 보이는 신랑은 이제 당신 옆에 없다. 지금은 예수님에 대해 영적으로만 알 수 있다.

금식을 한다고 예수님과 영적인 교제를 할 수 있는 것은 아니다. 구원을 받아야 한다. 당신의 죄가 사함을 받고 당신이 성령 안에서 다시 태어났기 때문에 예수님을 영적으로 만날 수 있는 것이다. 금식이 영적 교감의 요건은 아니지만 금식을 통해 하나님을 더 깊이 경험할 수 있다. 이사야 58장 9절은 금식을 통해 당신은 하나님의 임재하심을 확실하게 느낄 수 있다고 말한다. "내가 여기 있다 하리라"는 당신에게 하시는 하나님의 말씀이다.

아주 오랫동안 금식을 한 후 카메룬에 있는 한 여인은 부재중인 신랑의 목소리를 또렷하게 들은 경험을 하였다. 그녀는 이렇게 간증한다.

> "영원한 하나님은 내 귀에 이렇게 말씀하셨다.
> '난 너를 사랑한다.'
> 난 하나님이 날 사랑한다는 걸 알고 있었다.

하지만 하나님이 나에게 직접 말한 걸 들은 것은
아주 놀라운 경험이었다. 그 후 내 삶은 변했다.
주님의 '사랑한다' 는 그 말씀은 아주 아름다웠다.
나의 모든 것을 바꿔주었다."

당신도 이 부재한 신랑과 교감할 수 있다. 금식은 두 가지 방법으로 당신이 하나님을 더욱 깊이 경험할 수 있도록 도와줄 것이다.

예배를 통한 교감

첫째, 주님 앞에 예배로 다가가라. 예배는 당신의 애정을 승천하신 예수 그리스도에게 집중하는 것이다. 당신이 주님을 예배하는 중에 주님의 임재하심을 경험하게 될 것이다. 성가집이나 스크린의 가사를 보며 찬송가를 부른다고 주님과의 교제가 자동적으로 일어나는 것은 아니다. 어쩌면 당신은 예배를 드렸지만 하나님을 만나지 못할지도 모른다. 의도적으로 예수님을 찾아야 한다. 고린도 후서 4장 18절에 바울이 이렇게 썼다.

"우리의 돌아보는 것은 보이는 것이 아니요 보이지 않는 것이니"

곁에 없는 주님의 보이지 않는 존재감을 느끼기 위해서는 당신의 마음을 하나님에게 고정해야 한다. 당신과 주님 사이에 있는 어떠한 장벽이나, 커브, 웅덩이도 피할 수 있도록 유도미사일처럼 당신의 애정을 하나의 표적에 고정하라. 이런 열정의 집중으로 당신은 주님의 영적 임재를 느끼게 될 것이다.

성경적으로, 금식은 예배 안에서 예수님께 나아가는 중요한 방법이다. 누가복음 2장 37절에서 안나에 대해 이렇게 기록하고 있다. "성전을 떠나지 아니하고 주야로 금식하며 기도함으로 섬기더니". 사도행전 13장 2절엔 성령님이 교회 지도자들에게 이렇게 말씀하신다. "주를 섬겨 금식할 때에". 또 느헤미아 9장 1~3절에서도 이스라엘사람들이 금식하며 하나님을 예배했다고 기록되어 있다.

초기의 목회자들도 금식을 통한 예배에 대해 얘기했다. 예수님이 승천하신 뒤 400년 후쯤에 살았던 성 디아도코스는 다음과 같이 설명했다.

> "우리의 노력으로
> 우리의 유형의 본성을 잘 정제한다면
> 우리는 분명히 무형의 모습을
> 인지할 수 있게 될 것이다."

우리의 유형의 본성을 잘 정제할 수 있는 방법 중 하나가 금식이다.

왜 금식이 당신의 예수 그리스도에 대한 집중도를 높일 수 있을까? 아주 쉽게 말하면 음식은 영적인 자각을 둔하게 만든다. 신명기 6장 11~12절에는,

"너로 배불리 먹게 하실 때에 너는 조심하여"

또 신명기 8장 10절,14절에는 이렇게 말씀하고 있다.

"네가 먹어서 배불리고… 두렵건대 네 마음이 교만하여 네 하나님 여호와를 잊어버릴까 하노라"

당신의 배를 꽉 채우면 당신의 영은 둔해져서 예수님께 완전한 집중을 할 수 있는 능력을 잃게 된다.

하나님은 금식을 사용해 당신 마음의 눈을 뜨게 하여 승천하신 신랑의 존재감을 느낄 수 있게 하신다. 얼마만큼 하나님과 교제하고 싶은가? 성경이 처방해주는 방법으로 당신의 영적 자각을 높이면 충분한가? 하나님의 보이지 않는 임재로 들어가기 위해 예배를 드려라. 마음의 눈을 하나님에게 집중할 수 있도록 금식을 해보라.

하나님의 영광을 통한 성찬

예배를 통해 당신이 하나님께 다가가기도 하고, 하나님이 그의 영광을 통해 당신에게 다가오시기도 한다. 하나님의 영광은 하나님의 명확한 임재에서 나오는 빛이다. 고린도후서 4장 6절엔 이렇게 쓰여 있다.

"어두운 데에 빛이 비치라 말씀하셨던 그 하나님께서 예수 그리스도의 얼굴에 있는 하나님의 영광을 아는 빛을 우리 마음에 비추셨느니라"

예수님 안에 있는 하나님의 영광의 빛은 그 빛나는 정도가 때에 따라 다를 수 있다.

다시 말하건대, 성경엔 하나님의 영광이 금식을 통해 더 큰 모습으로 오신다고 쓰여 있다. 모세는 40일 금식 동안 바위틈에 숨어있는 중에 하나님의 영광이 지나가는 것을 볼 수 있었다(출애굽기 33장 18~23절). 다니엘은 몇 주간 금식 후에 아주 강력한 영광의 현현(나타남)을 보았다고 간증을 했다. 이 영광의 현현은 그를 땅바닥으로 쓰러뜨렸고 말을 못하도록 만들었고, 그는 아주 강렬하게 몸이 떨렸다고 했다(다니엘 10장 5~10절). 다니엘이 본 이것은 요한이 계시록에 기록한, 승천한 예수님과 흡사했다(요한 계시록 1장 12~16절). 자신이 자주 금식을 했다고 기록한 바울 역시 강력한 주님의 계시에 대해서 말하고 있다(고린도 후서 11장 23~27절, 12장 2~4절). 한 초대교회 신부는 예수님을 찾기 위한 금식은 "지적인 이들에게 자신을 나타내는 하나님의 빛이 가득한 창문"같다고 하였다.

왜 금식은 하나님의 영광을 더욱 강렬하게 만들까? 금식은 당신의 영으로 받을 수 있는 능력을 더 크게 해준다. 이것은 창문 안에 빛이 더 들어올 수 있도록 셔터를 여는 것과 같다. 당신이 만약 이런 부재한 신랑의 현현을 위해 믿음으로 금식하면 얼마나 더 많은 하나님의 영광을 경험할 수 있을 것인가?

천국을 맛보다

가이 베빙턴은 금식의 삶을 살았다. 한번은 그가 어떤 교회에서 사역을 해보려 했지만 그의 완강한 메시지 때문에 담임목사가 그에게 교회를 떠나고 그 도시에서도 나가라고 했다. 베빙턴은 아무 교통수단이 없었기에 눈보라 속을 걷기 시작했다. 그 도시에서 멀리 떨어진 시골 마을로 이동하던 중 어디서 그날 밤을 보내야할지 생각했다. 하나님은 그에게 말씀하셨다. "바로 여기다." 놀랍게도 그곳은 눈에 덮인 아주 큰 건초더미였다. 그래서 그는 12피트 가량을 파고 들어간 후 여행 가방을 베개 삼아 잠을 청했다.

누워서 베빙턴은 기도했다. "그래도 하나님을 찬양합니다. 예수님도 이것보다 더 나은 상황은 아니었겠지요, 아마 대부분 이보다 더 못했겠지요." 이때 갑자기 건초더미 안이 빛나기 시작했다. 그가 말하기를, "난 이렇게 아름다운 광경을 본 적이 없다. 수정으로 된 짚들이 아름다운 그물망을 만들었다." 베빙턴은 잠시, 호주머니 안에 성냥이 있다는 걸 떠올리며 자신이 건초더미에 들어오면서 불이 붙은 것은 아닌가 하는 두려운 생각을 했다. 하지만 그가 짚을 만졌을 때 짚은 차갑고 축축했다. 그가 말하길 "오 사랑하는 사람들아, 이 세상에 사는 한 이러한 광경을 제대로 그릴 수 없다고 생각한다. 그리고 내 영혼 깊이 내려가는 이 눈부신 모습도 그릴 수 없을 것이다. 난 항상 천국의 모습을 미리 본 것이라고 생각했다" 하나님 영광의 현현은 아주 짧은 시간동안만 보였지만 그 화려한 영광을 대했을 때 엄청난 기쁨의 파도가 계속 왔다고 그는 간증했다.

이 경험 후 그는 그가 떠난 도시로 다시 돌아가 8일 동안을 금식과 기도로 보냈다. 그러자 그 교회에 초자연적 권능으로 부흥이 찾아왔다. 그를 떠나라고 요청한 목사도 결국 성령 충만해졌다. 베빙턴은 말했다. "만약 하나님이 우리를 계시를 받을 수 있는 상태로 이끌어 주실 수 있다면 그 계시를 보여 주실 것이라는 것을 믿어 의심치 않는다."

주님은 당신이 받을 준비가 돼있다면 하나님의 영광의 아름다운 계시 안에서 당신에게 오고 싶어 하신다. 그것이 건초더미를 빛나게 하지 않을 수도 있지만 "영혼 깊이 내려가는 눈부신 모습"을 보여줄 것이다. 금식은 당신이 그의 영광을 받을 수 있는 상태 중 하나이다. 아가서 2장 9절엔 젊은 처녀가 그의 부재중인 연인에 대해서 이렇게 말한다.

"나의 사랑하는 자는 노루와도 같고 어린 사슴과도 같아서 우리 벽 뒤에 서서 창으로 들여다보며 창살 틈으로 엿보는구나"

당신의 부재중인 연인인 예수님은 당신에게 온다. 예수님은 이 세상의 창살을 통해 주시하고 계신다. 금식은 당신의 마음의 눈을 깨우쳐 열정적인 예배로 그를 볼 수 있게 해준다. 금식은 또 당신의 영의 창문을 열어젖혀 더욱 큰 빛, "그리스도와 함께 하는 하나님의 영광"을 보게 해준다. 이것이 바로 예수님이 이렇게 말한 이유다.

"그러나 신랑을 빼앗길 날이 이르리니 그날에는 금식할 것이니라." (마가복음 2장 20절)

Chapter 10
구원의 문

"네 어두움이 낮과 같이 될 것이며"
(이사야 58장 10절)

하나님의 분노에 의한 어둠

이사야 58장 10절은 어둠에서 구원받음을 묘사하고 있다. 구원의 문이 열릴 때 천국에서 온 빛이 영적 어둠을 쫓아낸다. 이 문을 열수 있는 열쇠 중 하나가 금식이다. 영적 어둠이 존재하는 이유는 몇 가지가 있다.

하나님의 분노에 의한 어둠이 있다. 하나님의 분노는 파괴를 추구하는 인간의 분노와 다르다. 하나님의 심판은 동정심에서 나온다. 하나님은 심판을 알려서 당신이 변화할 수 있도록 한다. 하나님의 분노는 우리를 깨우는 모닝콜과 같다. 당신이 하나님의 말씀에 귀 기울이지 않는다면 당신은 고통의 소리를 듣게 될 것이다. 하나님은 우리를 죄에서 깨어나도록 하시기 위해 심판의 고통을 보내시는 것이다.

하나님의 심판으로부터 어떻게 벗어날 수 있는가? 예레미아 18장 7~8절에서 말씀하신다.

"내가 언제든지 어느 민족이나 국가를 뽑거나 파하거나 멸하리라 한다고 하자. 만일 나의 말한 그 민족이 그 악에서 돌이키면 내가 그에게 내리기로 생각하였던 재앙에 대하여 뜻을 돌이키겠고"

심판은 당신을 파멸시키려는 것이 아니라 당신이 죄를 회개하게 하려는 것이다. 당신이 당신의 마음을 바꾸면 하나님의 마음을 바꿀 수 있는 길이 열린다. 당신은 회개함으로써 하나님의 마음을 바꿀 수 있다.

금식하며 회개하라

회개에 금식을 더하면 속도가 달라진다. 요엘은 하나님의 분노가 온다는 것을 알 수 있는 징후에 대해 묘사하고 있다. 또한 심판 안에 있는 하나님의 뜻을 분명히 보여주고 있다.

"여호와의 말씀에 너희는 이제라도 금식하며 울며 애통하고 마음을 다하여 내게로 돌아오라 하셨나니" (요엘 2장 12절)

또 그는 계속해서 말하기를,

"너희는 옷을 찢지 말고 마음을 찢고 너희 하나님 여호와께로 돌아올지어다 그는 은혜로우시며 자비로우시며 노하기를 더디하시며 인애가 크시사 뜻을 돌이켜 재앙을 내리지 아니하시나니"(요엘 2장 13절)

회개는 하나님의 심판에서 우리를 구원한다. 금식하며 회개할 때 그 회개의 정도가 더욱 강렬해진다. 요나가 니느웨에 갔을 때, 40일안에 하나님의 분노가 이 도시를 파괴할 것이라고 선언했다. 놀랍게도 이 이교도 도시에 사는 사람들이 하나님의 경고를 듣고 회개했다. 왕은 모든 사람들에게 법령을 내렸다. 그 안엔 이렇게 쓰여 있다.

"사람이나 짐승이나 소 떼나 양 떼나 아무것도 입에 대지 말지니 곧 먹지도 말 것이요 물도 마시지 말 것이며 사람이든지 짐승이든지 다 굵은 베 옷을 입을 것이요 힘써 하나님께 부르짖을 것이며 각기 악한 길과 손으로 행한 강포에서 떠날 것이라. 하나님이 뜻을 돌이키시고 그 진노를 그치사 우리가 멸망하지 않게 하시리라 그렇지 않을 줄을 누가 알겠느냐 한지라"(요나 3장 7~9절)

가축들도 금식을 했다는 것을 주목하라. 당신은 금식과 회개에 있어 니느웨의 소와 양들보다 못한 상태로 머물러 있을 것인가? 요나 3장 10절이 전한다.

"하나님이 그들의 행한 것 곧 그 악한 길에서 돌이켜 떠난 것을 감찰하시고 뜻을 돌이키사 그들에게 내리리라 말씀하신 재앙을 내리지 아니하시니라"

만약 당신이 하나님의 분노 안에 있다면 전심을 다하여 하나님을 구하라. 하나님 앞에서 회개하고 금식을 하라. 누가 알겠는가? 하나님의 분노가 누그러져 연민의 마음으로 심판을 그만둘 수도 있다. 당신의 모닝콜 소리를 들어라. 그 소리를 끄고 다시 죄 안으로 돌아가지 말라. 회개와 금식 안에서 깨어나라!

악마의 어둠

또 한 가지의 영적 어둠이 있다. 이것은 사탄의 공격에 의한 어둠이다.

"용사의 빼앗은 것을 어떻게 도로 빼앗으며 승리자에게 사로잡힌 자를 어떻게 건져낼 수 있으랴. 나 여호와가 이같이 말하노라 용사의 포로도 빼앗을 것이요 강포자의 빼앗은 것도

건져 낼 것이니 이는 내가 너를 대적하는 자를 대적하고 네 자녀를 구원할 것임이라" (이사야 49장 24~25)

사탄의 영들은 당신과 당신이 사랑하는 사람들과 싸운다. 하나님은 이런 악령의 힘을 금식을 통해서 부숴버린다.

어떤 목사는 이렇게 말했다.

> "당신의 능력에 따라 주님 앞에 금식을 하면
> 당신의 사악함과 죄들을 제거해낼 것이다.
> 금식은 당신의 영혼을 높일 것이고,
> 마음을 거룩하게 만들며, 악마를 내쫓고
> 하나님의 임재를 위해 당신을 준비시킬 것이다."

역사적으로 보면, 강한 믿음의 사람들 특히 마귀를 정면으로 대적한 사람들은 금식과 기도에 많은 시간을 보냈다.

독일의 블룸하트 목사는 악령을 쫓는 사역을 하고 있었다. 그는 금식이 가지고 있는 마귀에 대한 각별한 힘과 영향력을 발견하였다. 금식의 능력을 실험해보기 위해, 그는 악령축출 사역에 나서기 전 30시간 이상을 금식했다. "아무에게도 말을 하지 않고 금식을 했다. 그 결과, 귀신과의 씨름이 금식을 통해 보다 수월해졌음을 알게 됐다. 나는 더욱 담대하게 마귀를 꾸짖을 수 있게 되었다. 귀신 들린 환자 앞에 오래 있을 필요가 없게 되었다. 내가 그 자리에 있지 않더라도 능력을 발휘할 수 있었다." 그는 금식을 통해, 악령을 내쫓는 그의 사역을 효과적으로 발전시킬 수 있었다.

중국의 흐시 목사(pastor Hsi. 1837~1896) 역시 악령 축출 사역에 있어서 대단한 영향력을 발휘한 사람이었다. 그는 수백 명의 악령에 사로잡힌 사람을 자유롭게 하였고 많은 사람들이 그의 사역으로 치유되었다. 그는 "마귀의 정복자"란 뜻의 '솅모(Sheng-Mo)'라는 이름으로 불렸다. 그의 회심 후, 그를 따라 믿음을 구하던 그의 아내가 악령에 붙잡혔다. 그는 가족 모두에게 3일 동안 금식하도록 하고, 하나님의 약속을 선포하였다. 흐시 목사는 악령에게 즉시 그의 아내에게서 떠나고 괴롭힘을 그칠 것을 명령했다. 귀신은 즉각 축출되었고 그의 아내 역시 예수를 믿는 신자가 되었다.

마가복음 9장 29절에 보면, 예수님이 제자들에게 알려주기를, 어떤 귀신들은 금식과 기도를 통해서만 나갈 수 있다고 했다. 일부 초기 성경 원고에는 '금식'이란 단어가 없지만, 헨리 갤러스의 주장에 의하면 예수님도 온 마음을 다 한 기도에 대해 말하기 때문에 이런 초기 성경에도 금식이 암시되어 있다고 한다. 그것이 사실이라고 경험이 증명한다. 금식은 구원을 더 높은 기어로 바꿔준다. 예수 그리스도의 권능 안에서 금식과 믿음이 구원에 더해지면 악한 마귀의 어둠에 붙잡힌 사람들을 탈출시킬 수 있다.

인간의 죄에 따른 어둠

마지막으로 인간의 죄에 따른 어둠에서 벗어나기 위해 금식을 하라. 당신 삶 안에 있는 죄를 위해, 혹은 다른 이의 삶 안에 있는 악을 위해 금식 할 수 있다. 시리아의 성 이삭은 이렇게 말했다

"금식과 (철야)기도는
세상에 있는 죄와 욕망에 대항하는 노력의 첫걸음이다.
특별히 자기 안에 있는 죄와 싸우는 사람의 경우에
이 보이지 않는 전투를 하는 사람 안에
숨어 있는 죄와 욕망에 대한 미움이 금식을 통해 나타난다.
금식 중에는 거의 모든 열정적인 충동이 줄어든다."

금식이 죄를 사해 주는 의로운 행동은 아니다. 금식이란, 하나님의 은총이 믿음을 통해 오는 방법이고 습관적인 죄와 싸워 이길 수 있게 하는 방법이다. 죄에서 구원받기 위

해 금식을 하라.

금식은 죄의 영향력 안에 있는 다른 사람을 구원할 수도 있다. 다리오 왕은 다니엘이 사자 굴에서 구조 받을 수 있도록 금식을 했다. 사악한 참모들과 어리석은 법으로 인해 왕이 다니엘을 처형해야 하는 처지에 빠지게 되었다. 다니엘 6장 18절을 보자.

"왕이 궁에 돌아가서는 밤이 맞도록 금식하고 그 앞에 기악을 그치고 침수를 폐하니라"

다음날 아침 하나님이 다니엘을 사자에게서 구원해준 후 왕은 법령을 썼다. 그는 하나님 홀로 다니엘을 고관 참모들의 사악한 공격으로부터 지켜주셨다는 걸 알아차렸다. 왕은 하나님을 찬양하며 말했다.

"그는 구원도 하시며 건져내기도 하시며 하늘에서든지 땅에서든지 이적과 기사를 행하시는 자로서 다니엘을 구원하여 사자의 입에서 벗어나게 하셨음이니라 하였더라"
(다니엘 6장 27절)

누군가가 알기 쉽게 이 이야기를 요약했다. 왕이 금식했기 때문에 사자들도 역시 금식할 수밖에 없었다!

가족의 혼돈으로부터의 구원

우리 가족이 대단히 위태로운 시기에 하나님은 나를 금식으로 인도하셨다. 우리 아들의 사춘기로 인한 어려움 때문에 우리 가족이 흔들리고 있었다. 나는 금식을 시작했다. 하나님도 움직이기 시작하셨다. 한 번의 금식이 끝난 후, 내가 아들의 간절한 외침을 진지하게 받아들이지 않고 있다는 사실을 하나님께서 드러내 보이셨다. 내가 내 자신의 죄에서 벗어나야 내 아들도 벗어날 수 있었던 것이다. 하나님은 우리 부부가 아들을 위해서 어려운 결정들을 내리게 도와주셨는데 그전엔 하기 싫었던 결정들이었다.

이런 격동의 시간중 하나님은, 우리가 필요할 때, 특별한 평화의 시간을 주셨다. 금식을 할 때마다 늘 돌파구가 있었다. 그 돌파구는 항상 극적이진 않았지만 아주 커다란 의미를 가지고 있었다. 아들의 힘든 일들이 거의 끝나갈 즈음 나는 오랜 시간 금식 중이었는데 그가 호주에 있는 YWAM(Youth With A Mission)에서 전화를 했다. 그는 자신이 그동안 얼마나 성령 충만했는지 말했다. 하나님의 권세가 그를 두 번이나 넘어뜨렸다고 했다. 우리 아들의 체험이 나로 하여금 내 삶 속에서 성령이 더욱 역동적으로 역사하기를 갈망하게 했다.

내 가족의 치유와 구원을 가지고 온 요인은 많았다. 금식은 하나님의 빛이 어둠을 쫓아내도록 하는 중요한 방법이라고 나는 확신한다. 하나님의 빛은 정오의 빛처럼 환하지 않을 수도 있지만 그 빛은 하늘 높이 오르고 있다. 내가 아들을 위해 금식 했었는데 이제는 그 아들이 나를 위해 금식을 한다. 금식은 하나님의 진노의 그림자, 악령의 속박의 밤, 그리고 인간의 죄의 안개에서 우리를 구원해준다. 우리를 변화시키는 하나님의 빛의 일출을 위해 금식하라.

Chapter 11
인도의 문

"나 여호와가 너를 항상 인도하여"
(이사야 58장 11절)

미래로 뒤돌아 가는 길

하나님의 신성한 인도가 얼마나 중요한가? 만약 당신 스스로 미래를 바라볼 수 있다면 별로 중요하지 않다. 당신이 자신 있게 미래로 걸어가는 길에서 몇 가지 어려운 결정들을 내려야할 때 주님의 도움이 필요할지 모른다. 하지만 당신은 미래에 무슨 일이 생길 줄 알기 때문에 하나님의 도움은 그렇게 중요하지 않다. 이러한 식의 생각에 문제가 있다면, 이것이 틀렸다는 것이다. 사실 당신은 미래 대신 과거를 쳐다보고 있다. 당신이 과거에 어디 있었는지는 알지만 미래에 당신이 어디로 가야할지는 모른다! 당신은 미래로 행진하고 있는 것이 아니다. 뒤로 걸어가고 있는 것이다. 하지만, 당신이 과거를 쳐다보고 있을 때에도 하나님은 미래를 보고 계신다. 그는 미래에 일어날 모든 일을 다 알고 계시고 당신을 인도해 줄 수 있다. 하나님의 미래로 들어가고 싶은가? 그러면 당신이 과거를 보고 있을 때에도 믿음을 가지고 돌아보고, 하나님이 당신의 손을 잡고 당신의 목적으로 인도하시도록 맡기라.

하나님 없이 미래를 뒤로 걸어가는 사람들이 많다. 하지만 당신을 향한 하나님의 목적을 찾으려면 하나님의 인도는 필수적이다. 로마서 8장 14절에 말씀하신다.

"무릇 하나님의 영으로 인도함을 받는 그들은 곧 하나님의 아들이라"

당신이 하나님의 자녀가 될 때, 하나님은 성령으로 당신의 영혼을 붙들고 발걸음을 인도할 것이다. 금식을 통해 당신의 영은 성령의 인도함에 더 깊은 주의를 기울일 것이다. 성령의 인도는 그때에 더욱 뚜렷하고 지속적으로 일어난다. 선지자 이사야는 당신이 금식한 후 "여호와가 항상 너를 인도하여" 라고 쓰고 있다(58장 11절). 신성한 인도는 여러 가지 방법으로 온다. 금식은 이런 여러 방법에서 당신이 하나님의 인도를 더 잘 인지할 수 있도록 도와준다. 하나님의 인도하심에 주의를 기울여서 당신의 운명을 따르라.

성령의 온화한 압박

하나님의 손길이 당신을 인도한다. 하나님의 손길은 당신의 영혼에 성령의 온화하고 지속적인 압박을 주어 당신이 하나님이 주신 방향으로 가고 있는지 확인시켜주는 것이다. 로마서 8장 16절에 기록되어 있다.

"성령이 친히 우리 영으로 더불어 우리가 하나님의 자녀인 것을 증거하시나니"

또 하나님은 당신의 영에게 평화로운 손길로 당신이 하나님의 목적을 따라가고 있다는 것을 알려주신다. 당신은 자녀를 말없이 인도할 수 있다. 당신이 부드럽게 자녀의 손을 끌어당겨 그 아이를 인도할 수 있다. 그 아이의 어깨에 손을 댐으로써 인도할 수도 있다. 이와 같은 방법이, 당신의 영혼에 주는 성령의 평화로운 압력이 매일 일어나는 인도하심의 주된 방법이다.

하지만 다른 종류의 압박이 당신을 성령의 손길에서 멀어지게 할 수도 있다. 때때로, 당신이 겪는 복잡한 상황들 때문에 당신이 하나님의 목적에서 벗어날 수 있다. 고통과 영적 전투의 압박들로 인해 당신이 하나님의 온화한 손길을 느낄 수 있는 능력이 퇴색될 수 있다. 성공과 인기 역시 성령의 손길을 느낄 수 없게 만든다. 자기성취라는 강한 압박은 당신을 하나님의 인도에서 빠져나오게 유혹하기도 한다. 힘든 상황 혹은 즐거운 상황에 있더라도 성령님의 손길에 대하여 세심하게 집중하라. 성령의 손길에 대한 마음의 유연함을 유지하기 위한 한 가지 방법이 금식이다.

느헤미야는 예루살렘의 망명자들이 돌아올 때 금식을 했다. 이 금식으로부터 얻은 유익은 하나님의 인도하심에 더 주의를 기울이게 된 점이다. 많은 힘든 상황을 겪었기에 느헤미야는 성벽 재건에 나섰을 때 하나님의 인도가 절실했다. 그가 하나님의 손길에 자신을 맡겼을 때 그는 모든 힘든 상황을 극복하고 하나님의 목적에 다다를 수 있었다 (느헤미야 1장 3~4절).

데이빗 브레이너드도 금식을 했다. 그 역시 하나님의 인도의 손길이 필요했던 것이다. 금식을 하고나서야 그는 극도의 어려운 상황들을 극복하고 인디언들을 하나님 앞에 인도할 수 있었다. 그는 이렇게 썼다.

"이 날을 하나님을 위한
금식과 기도로 드리며 은혜를 구합니다.
특히 이 사역을 위해 저를 잘 준비시켜 주시도록.
하나님의 때에 하나님의 수확을 얻는

이 위대한 사역을 위해 제가 준비하는데
하나님의 도움과 하나님의 인도를 주시도록."

당신이 극심한 곤경에 처해 있든지 눈부신 성공을 거두고 있든지, 그런 모든 것을 뛰어넘는 성령의 손길을 느낄 수 있어야 한다. 당신의 영에 미치는 성령의 압력에 더 주의를 기울이기 위해 금식하라.

하나님 말씀의 권위

성령은 손길뿐 아니라 말씀을 통해 당신을 인도하신다. 하나님이 말씀하실 때 이것은 권위 있는 말씀이다. 하나님은 당신을 인도할 때 그의 손길을 통한 평화의 압력을 쓴다. 그리고 또 말씀을 통한 음성의 권위로써 인도하시기도 한다. 예수님께서 말씀하셨다.

"그러하나 진리의 성령이 오시면 그가 너희를 모든 진리 가운데로 인도하시리니 그가 자의로 말하지 않고 오직 듣는 것을 말하시며 장래 일을 너희에게 알리시리라"
(요한복음 16장 13절)

성령이 당신에게 말을 하는 몇 가지 방법이 있다. 첫째, 성경말씀을 통하여 당신을 인도한다. 성경이 당신에게 무엇을 해야 할지 이미 보여주었을 때엔, 성령의 인도를 구하지 않아도 될 것이다. 그런 경우에는 감동으로 기록된 말씀을 통해 성령의 인도를 따라가라. 하나님이 무슨 말씀을 하시는지 알기 위해 성경을 읽어라. 그리고 그대로 따르라. 때때로 성령께서 당신의 인생에 진리가 될 성경의 일부를 보여주며 얘기할 것이다.

성령은 그의 내심의 목소리로 당신을 인도할 수도 있다. 바울이 말했다.

"너희가 하나님의 성전인 것과 하나님의 성령이 너희 안에 거하시는 것을 알지 못하느뇨" (고린도전서 3장 16절)

당신의 마음에 내재하는 성령은 당신의 영에게 직접 말한다. 성령은 당신 영안에 깊숙이 있는 그의 목소리를 통해 당신을 인도한다. 또, 당신은 성령의 목소리를 들을 수 있는 세심함을 금식을 통하여 증가시킬 수 있다. 사도행전 13장 2절을 보면, 성령이 말씀하실 때 안디옥 교회의 지도자들이 금식하고 있었다.

"주를 섬겨 금식할 때에 성령이 가라사대 내가 불러 시키는 일을 위하여 바나바와 사울을 따로 세우라 하시니"

성령의 목소리가 이들에게 어떻게 전달되었을까? 예언을 통해서 누군가 내면의 인도의 소리를 냈을 것이다. 하나님은 사역을 위해 이미 바울과 바나바를 부르셨다는 것을 주목하라. 교회지도자들은 하나님의 부르심에 대한 확인을 받기 위해 금식했을 수 있다.

내가 해 본 첫 번째 40일 금식의 목적은 내 가족에게 가해진 공격으로부터 보호받기 위해서였다. 금식 후 모든 것이 다 해결될 것이라고 나는 확신했다. 그런데 상황이 더욱 나빠졌다! 하지만 이런 곤경 속에도 나는 주님의 음성을 분명히 들을 수 있었다. 하나님은 나에게 거룩한 계획을 보여주셨고 힘든 상황을 이겨낼 수 있다는 강한 약속을 주셨다. 이제 깨달은 것은 그 40일간의 금식은 우리의 문제로부터 보호받기 위해서 한 것이 아니었다. 하나님의 음성을 듣기 위해서였다. 만약 전투 중 지휘관의 목소리를 들을 수 있다면 결국 그가 당신을 승리로 이끌 것이다.

성령의 음성을 듣기 위해 금식을 하라. 성경 말씀을 읽음으로 혹은 마음속 그의 음성을 확인함으로 그의 말을 경청하라.

극적인 인도

성령은 그의 손길, 목소리 그리고 표적을 통해 우리를 인도하신다. 표적은 인도의 방법 중 가장 화려한 표현이다. 꿈, 환상, 혹은 천사의 방문을 통해 성령은 어디로 가야하는지 분명한 표적을 준다. 표적을 통한 인도가 너무 극적이기 때문에 당신은 그것에 너무 매혹되어 표적만을 하나님이 인도하시는 오직 한 가지 방법으로 착각할 수도 있다. 하나님은 극적인 방법을 쓰기도 하지만 그것이 흔한 방법은 아니다. 신약성경을 봐도 흔하지 않고 지금도 역시 흔하지 않다. 보통 때 하나님은 평화의 손길과 그의 음성을 통해 말씀하신다, 특히 성경에 기록된 그의 말씀을 통해 인도하신다.

하나님은 표적들을 좀 더 힘든 상황을 위해 남겨놓으신다. 예를 들어, 하나님은 유대인인 베드로를 이방인 고넬료의 집에서 복음을 전파하게 만드셨다. 그걸 생각하니 베드로의 몸 안에 있는 모든 신경이 혐오감을 느꼈다. 이방인들은 불결하다고 배웠기 때문이다. 이들과 접촉하는 것조차 죄였다. 그래서 하나님은 할 수 있는 모든 노력을 하셨다. 하나님이 보낸 첫 번째 표적은, 고넬료에게 천사를 보내는 것이었다. 그가 유대인을 이방인인 자신의 집에 초대를 할 수 있도록 용기를 주었다. 둘째, 하나님은 베드로에게 환상의 표적을 세 번이나 반복해서 주셨다. 하나님은 베드로에게 자신이 깨끗하게 만든 어떤 것도, 이방인을 포함해서, 불결한 것으로 부르지 않도록 다시 가르치고 계셨던 것이다. 셋째로, 성령은 베드로에게 분명한 표적 하나를 가지고 얘기하셨다. 그것은 고넬료의 집으로 가라고 인도하는 말씀에 대한 이해였다. 마지막으로, 하나님은 눈부시게 아름다운 성령의 모습을 고넬료의 집에 나타나게 하셔서 이방인의 개종이 하나님의 뜻에 의한 것임을 말씀하셨다(사도행전 10장 1~48절).

표적이 더 흥미진진하다고 해서, 더 흔한 인도의 방법 대신 표적을 구하지는 말아야 한다. 하지만 아주 어려운 상황에선 표적을 구해도 된다. 금식은 이런 특별한 인도의 방법인 표적이 오도록 해준다. 기독교인들이 '10/40 창'(북위 10-40도의 미전도 나라들)을 위해 금식한 후로 이슬람교도와 힌두교도들에게 예수님에 대한 꿈, 환상, 그리고 천사의 방문이 점점 늘어났다. 이것은 금식과 기도가 닫힌 사람들에게도 표적을 가지고 올 수 있다는 분명한 사실이다.

바울은 바다의 풍랑 때문에 금식을 할 수 밖에 없었는데, 그 때 천사의 중요한 방문이 있었다. 바울이 로마인들에게 자신이나 다른 포로들을, 침몰하는 배에서 처형하지 않도록 설득시키는데 있어 이 방문은 아주 결정적 역할을 했다 (사도행전 27장 21~26절). 표적은 기준이 아니다. 하지만 하나님이 표적을 보내는 결정적인 때가 있다. 금식은 이런 흔치 않은 인도의 표적들이 나타나도록 길을 열어준다.

구원을 향한 인도

내가 이 책 시작 부분에 언급한 스티브는 호주의 캔버러 시에서 성경대학을 다녔다. 어느 날 학교 예배시간에 교장선생님이 학생과 교직원들에게 일주일 동안 금식을 하기 위해 모든 수업이 취소되었다고 알려주었다. 스티브는 당시의 일이 자신의 영적 삶에 있어 결정적 사건이 됐다고 말했다.

일주일간 금식을 한 후, 스티브는 휴식을 취하기 위해 자기 방에 갔다. 침대에 누워있는 중 그는 갑자기 어떤 골목에서 오토바이에 앉아 있는 남자에 대한 환상을 보게 되었다. 스티브는 그 골목이 캔버러 시내에 있다는 것을 알아차렸다. 성령은 스티브에게 이렇게 말했다 "그곳에 당장 가라." 스티브는 교장선생님의 차를 빌려서 시내로 갔다. 그 골목엔 스티브가 환상에서 봤던 모습 그대로 오토바이에 앉아 있는 남자가 있었다. 그는 그렇게 늦은 시각에 스티브를 보고 놀랐다. 스티브는 그저 이렇게 말했다 "하나님이 날 당신에게 보내셨다." 그 남자는 순간 쓰러져 울기 시작했다. 평정심을 찾고 나서, 그는 스티브에게 자기가 하나님에게 이렇게 기도하였다고 말해주었다. "하나님, 날 위해 무엇인가 하지 않으시면 난 자살할거예요." 스티브는 그와 그의 가족을 하나님에게 인도했다. 일주일간의 금식은, 하나님의 동정적인 마음에서 온 놀라운 표적을 받을 수 있도록 스티브의 영을 열어주었다.

당신의 삶 혹은 다른 이의 삶의 방향을 하나님께 구하라. 하나님이 인도하시는 환경과 상황을 위해 금식을 하라. 올바른 금식 후엔 "나 여호와가 너를 항상 인도"하실 것이다 (이사야 58장 11절).

Chapter 12
공급의 문

"여호와가 너를 항상 인도하여 메마른 곳에서도
네 영혼을 만족하게 하며"
(이사야 58장 11절)

공급 혹은 번영

공급은 금식의 또 다른 혜택이기도 하다. 이사야는 말하기를, 아무 것도 없을 때 하나님 앞에서 금식하면, 하나님께서 채워주신다고 했다. 하나님의 공급하심이라는 개념에 대해 주저하는가? 그 부정적인 반응에 대한 한 가지 이유는, 아마도 공급하심과 근래의 번영에 대한 가르침에 대한 혼돈 때문일 수도 있다. 공급(provision)과 번영(prosperity)에는 차이가 있다.

번영에 대해 가르치는 어떤 사람이 2만5천 달러짜리 고급 자동차를 갖기 위해 자기가 어떻게 하나님께 의지했는지 말해 줬다. 그 차는 롤스로이스였다. 그 사람은 예수님의 말씀을 인용했다. "무엇이든지 기도하고 구하는 것은 받은 줄로 믿으라 그리하면 너희에게 그대로 되리라"(마가복음 11장 24절). 그는 바로 그 자동차를 원한다고 했다. 이 사람은 원하는 차를 위해 하나님을 믿었다. 하나님이 선언하신다. 네 믿음으로 네가 원하는 것을 갖게 될 것이다. 이런 식의 가르침이 '번영 설교'다.

공급하심은 이와 다르다. 미국 땅에 도착한 영국의 청교도들이 5월 말부터 7월 중순까지 극심한 가뭄을 겪고 있었다. 옥수수 농사 전체를 위협할 정도였다. 이들은 하루 날을 정해 금식기도를 드렸다. 하나님께서 바로 응답하셔서 이 청교도들뿐만 아니라 이들을 지켜보던 인디언들조차도 깜짝 놀라게 했다. 아주 부드러운 비가 지속적으로 내렸다. 온 땅을 촉촉이 적셔서 옥수수 풍년이 들었다.

번영과 공급하심의 차이는 무엇인가? 번영은 당신이 원하는 것에 대한 공격적인 믿음이다. 공급은 당신이 필요한 것에 대해 하나님을 믿는 것이다. 하나님은 메마른 땅에서도 당신의 필요를 채워준다고 약속하셨다. 이사야는 물질이 넘쳐나는 이 사회에서 당신이 원하는 것을 하나님께서 다 주신다고 말하지 않았다. 하나님은 당신이 필요한 것을 주실 것이다. 금식은 공급의 문을 여는 열쇠가 된다.

선지자 요엘 역시 금식을 통해 받는 하나님의 공급에 대해 이야기하고 있다. 공급받기 위해 하는 금식의 필요조건 몇 가지에 대해 묘사하고 있다. 하나님은 당신의 금식을 통해 필요를 채워주길 원하신다. 어떤 일이 일어나는지 요엘의 이야기를 들어보자.

가난하고, 눈멀고 벌거벗은

하나님의 공급하심의 첫 번째 조건은 당신의 필요를 발견하는 것이다. 공급의 의미가 하나님께서 당신의 필요를 채워주는 것이므로, 당신은 당신의 필요를 먼저 알아야 한다. 유대 백성들이 자신들의 필요를 깨닫는 것은 어렵지 않았다. 요엘은 슬피 울고 힘없이 애통해 하는 백성들에 대해 얘기하고 있다(요엘 1장). 백성들이 이런 모습을 보이는 것은 메뚜기 떼가 연이어 땅을 덮쳐 모든 농작물을 완전히 황폐케 했기 때문이다. 요엘은 '황량함의 극치'라고 썼다. 그야말로 최악의 상황이었다. 주님께 제물로 드릴 곡물도 포도주도 없었다. '메마른' 땅이었다.

아마 당신은 이 정도로 필요를 크게 느낄 상황은 아닐 것이다. 당신은 아마도 물질적으로는 필요 이상의 음식과 재물을 가지고 편안하게 살고 있을 지도 모르겠다. 분명히 이 유대 백성처럼 '메마른 땅'에서 살고 있지는 않을 것이다. 요한계시록 3장 17절은 선포한다.

"네가 말하기를 나는 부자라 부요하여 부족한 것이 없다 하나 네 곤고한 것과 가련한 것과 가난한 것과 눈 먼 것과 벌거벗은 것을 알지 못하는도다"

다시 말해, 메마른 땅은 한 가지만 있는 것이 아니다. 부유한 땅에 살아도 당신은 여전히 무엇인가를 필요로 한다. 하나님에 대한 강한 믿음, 사역의 능력, 복음의 확장에 헌신한 삶-당신으로부터 이러한 것들을 뺏기 위해 공격한 악령의 메뚜기 떼들이 그동안 있었다. 우리의 이러한 상황을 위해 슬피 울며, 전율하며 애통해 하라! 교회가 메말라가고 있다. 이 나라가 이런 정도의 영적 가뭄을 겪은 적이 그동안 있었는가? 주님을 기쁘시게 할 믿음의 봉헌도 충분하지 않다.

우리의 필요를 보지 못한다면, 그건 하나님이 원하는 것이 무엇인지 당신이 모르기 때문이다. 하나님은 지금의 문화적 혼돈 상태를 이겨내는 정도의 교회를 원하시는 것이 아니다. 하나님은 과거에 성취한 믿음의 업적을 회상하는 교회를 찾고 있는 것이 아니다. 하나님은 수많은 성도를 사역자로 내보내는 그런 교회를 원하신다. 하나님은 당신이 신성한 성령의 불로 충만하기를 원하신다.

이런 것들이 불가능하다고 확신하는가? 이 이기적인 사회에서 하나님이 원하시는 방법대로 산다는 것은 상상하기도 어렵다. 이렇게 죄로 메마른 땅에서 어떻게 영적 권능을 가질 수 있을까? 바로 그것이다. 그렇게 살 수 없다. 그 대신, 그렇게 살 수 있도록 하나님의 공급을 받으라. 하나님은 이 세대에 불가능한 일을 당신을 통해 하고 싶어 하신다. 우리가, 다시 말해 교회가, 하나님이 원하시는 곳까지 갈 수 있는 능력은 전혀 없다. 그러나 그게 꼭 나쁜 것만은 아니다. 왜냐하면, 그 말은 우리에게 엄청나게 큰 필요가 있어 하나님의 공급만이 그 필요를 채울 수 있다는 뜻이기 때문이다. 그렇다! 당신은 메마른 땅에 살고 있어 채워야 할 필요가 있다. 이것이 공급을 위해 금식을 해야 할 첫 번째 조건이다.

공격적인 믿음 혹은 깨어짐

둘째로, 공급을 받기 위한 금식을 할 때, 금식과 깨어짐을 연계시키라. 스스로 겸손하게 낮아져라. 요엘서에서 볼 수 있듯 금식은 애통함, 돌아섬, 회개와 함께 왔다(요엘 2장 12-17절). 요엘 2장 13절에서 "마음을 찢는(rendering your heart)" 일에 대해 말씀하고 있다. 그것이 바로 깨어짐이다. 금식이 어떻게 다른 영적 상황들을 더 높은 수

준으로 끌어올리는지 기억하는가? 금식은 기도, 예배와 구원을 심화시킨다. 금식은 깨어짐도 역시 심화시킨다. 이것이 중요한 이유는, 깨어짐이 하나님의 공급의 열쇠가 되기 때문이다.

미국에 정착한 영국 청교도들은 금식을 굴복이라고 했다. 금식은 그들이 스스로 무릎을 꿇고 겸손해지는 방법이었다. 하나님도 역시 유대인들에게 일 년에 하루 '속죄의 날'이라는 이름의 영혼의 고통을 위한 날을 정해 주었다. 이 고통의 의미는 금식을 통해 스스로 겸손해지고 깨어지는 시간을 뜻한다. 당신의 문제들을 스스로 해결하려고 이리저리 뛰어다님으로, 하나님께 오히려 방해가 되는 우를 범하지 않도록 하라. 그런 교만함은 회개해야 한다. 금식을 통해 당신 스스로 자신의 필요를 다 채울 수 없다는 사실을 깨달아라. 이것이 번영과 공급의 또 다른 차이점이다. 번영에 대한 믿음은 당신이 원하는 것을 얻기 위해 전력을 다하는 공격적 믿음이다. 반면 공급에 대한 믿음은 당신의 필요를 위해 주님 앞에 스스로를 낮추는 믿음이다. 번영은 자신의 소망을 확고히 주장하는 믿음을 통해 온다. 반면 공급은 자신을 낮추는 믿음을 통해 온다. 금식은 이런 깨어짐을 심화시킨다. 유대 백성들은 요엘서에서 보듯 자신을 낮추었다. 사무엘상 1장에 보면, 한나는 금식하고 애통해하며 깨어진 모습으로 자신을 낮추어 하나님께 아들을 구하였다.

1863년 4월 30일, 아브라함 링컨은 나라를 갈라놓은 내전 중 하루를 정해 국가적 금식기도의 날로 선포하고 모두 무릎을 꿇자고 호소했다. 링컨의 말을 들어보자.

"중단 없는 성공에 취해
우리는 지나치게 스스로 충족하여
하나님의 은혜를 구하고 지킬 필요를
느끼지 못하게 되었다.
지나치게 자만하여 우리를 만드신 하나님을 위해
기도하지 않았다!
지금 우리는 상처받으신 전능의 하나님 앞에 무릎 꿇고,
죄를 고백하고 관용과 용서를 구하기 위해
기도해야 마땅하다."

성령은 우리가 모든 자만심, 자족감, 거만함을 다 내려놓을 때에야 우리의 필요를 채워 주신다. 하나님의 공급은 깨어짐과 겸손의 길을 통해 온다. 그리고 금식은 당신이 이 길에 들어가도록 도와준다.

풍부한 공급

하나님의 공급을 받기 위해 금식할 때, 하나님의 풍부하심에 놀랄 준비를 해도 좋다. 요엘은 하나님의 공급이 풍족하고, 흡족하고, 넘쳐흐른다고 기록하고 있다(요엘 2장 19-32절). 요엘 2장 28절에 그려진 모습은 넘쳐흐르는 그릇의 모습이다. 이것이 성령의 넘쳐 부어짐에 대한 예언이고 베드로의 성령강림절 설교 본문이 되었다. 이것이 바로 채워짐이다.

이사야서 58장은 말씀한다. 당신의 필요가 충족될 것이라고. 하지만 하나님의 공급은 풍족하셔서 당신의 필요 이상으로 채워주실 것이다. 하나님의 공급은 넘쳐서 다른 사람들의 필요까지도 채워주실 것이다. 한나를 보라. 아들 사무엘도 얻었고 온 나라를 축복하는 채워주심도 받았다. 그냥 아들 하나만 받은 것이 아니고 이스라엘 민족을 위한 선지자를 받은 것이다. 하나님은 당신과 남들의 필요만 채워주실 뿐 아니라, 하나님 스스로의 필요도 채우신다. 요엘서의 말씀을 기억하는가? 유대민족은 하나님께 예배드릴 곡식이 없었지만 하나님께서 충분히 보내주겠다고 말씀하셨다.

"너희는 먹되 풍족히 먹고 너희에게 놀라운 일을 행하신 너희

하나님 여호와의 이름을 찬송할 것이라 내 백성이 영원히 수치를 당하지 아니하리로다" (요엘 2장 26절)

하나님은 자기 백성들의 찬양에 기뻐하실 것이다. 하나님께서 백성들에게 부어주신 공급하심은 다시 하나님께로 돌아갈 것이다.

기적적인 공급

YWAM이 그리스에서 첫 선교의 배를 출항시키려고 준비하고 있을 때, 175명의 젊은이들이 40일간의 합동 금식을 끝내가고 있었다. 그 배에 탈 팀원 중 하나가 해변을 걷고 있었는데 작은 웅덩이에서 적당한 크기의 고기 12마리가 튀어 나왔다. 젊은 선교사들은 그날 밤 생선으로 파티를 했다. 이들은 금식하지 않을 때는 쌀로 식사를 하고 있었는데, 생선파티는 유쾌한 변화가 되었다. 며칠 후, 큰 참치 한 마리가 바다에서 튀어 나왔다. 이들은 다시 회식을 할 수 있었다. 그 후, 또 한 팀원이 바닷가 근처에서 기도하고 있었는데 갑자기 물고기들이 온 해변에 걸쳐 튀어나왔다. 그 동네에 사는 그리스인들이 이를 알고 물고기를 함께 담기 시작했다. 한 여인은 210마리의 물고기를 담았고 그 이웃들은 이보다 3-4배 더 많이 담았다. 다음 화요

일 오전 8시, 물고기들이 다시 튀어나오기 시작했다. 선교팀은 담을 용기들을 가져와 물고기들을 모았다. 그리스인들이 외쳤다. "하나님이 이 사람들과 함께 계신다!" 그날 아침, 이들은 1톤이 넘는 물고기를 손에 넣었다. 찬양과 축제의 시간이었다.

하나님은 말씀하고 계셨다. "내가 너의 필요를 채워 주리라." 이 장면은 예수님께서 베드로를 처음 만나 깊은 곳에 가서 그물을 내려 고기를 잡으라고 말했던 기적적 장면을 기억나게 한다. 고기를 가득 잡은 후 예수님은 베드로에게 사람을 취하는 어부가 될 것을 말씀하셨다(누가복음 5장 1-11절). 하나님은 금식하던 이 선교사들에게도 예언적 공급을 하셨다. 이는 이 선교의 배 사역을 통해 천국으로 인도될 수많은 사람들을 뜻한다.

당신이 금식할 때 하나님은 그냥 공급하시는 것이 아니다. 당신의 필요보다 더 많이 아낌없이 후하게 채워 주신다.

Chapter 13
기름부음의 문

"너는 물 댄 동산 같겠고
물이 끊어지지 아니하는 샘 같을 것이라"
(이사야서 58장 11절)

급류의 흐름

언젠가 하나님이 고요한 물줄기가 있는 동굴을 환상으로 보여주셨다. 물이 너무나 맑아서 수면 아래 여러 형체와 색깔을 볼 수 있었다. 이 물은 내 안에 있는 성령의 모습이라는 것을 주님께서 나에게 보여주신 것이다. 아주 아름다운 환상이었다. 아주 아름다운 모습이었지만 그 아름다움이 하나님이 원하시는 전부가 아니라는 것도 나에게 알려주셨다. 다시 똑 같은 동굴의 환상을 보여주셨는데 이번에는 그 물이 고요하지 않았다. 대신 양 쪽으로 물살이 튀기며 사나운 급류가 흐르고 있었다. 하나님이 나에게 속삭이셨다. "마크! 네 안에 성령이 흐르기를 원한다." 하나님의 기름부음은 성령의 물결의 흐름과 함께 온다. 예수님께서 말씀하셨다.

"나를 믿는 자는 성경에 이름과 같이 그 배에서 생수의 강이 흘러나오리라 하시니" (요한복음 7장 38절)

요한은 이어 기록하고 있다.

"이는 그를 믿는 자들이 받을 성령을 가리켜 말씀하신 것이라" (요한복음 7장 39절)

성령의 흘러나옴이 이루어졌음을 어떻게 아는가? 여러 가지 요소들이 이러한 성령의 흐름을 일으킨다. 중요한 수단 중 하나가 금식이다. 이사야서 58장 1절에서 말씀하시기를 금식의 삶에 헌신하면 당신은 "물이 끊어지지 아니하는 샘"과 같이 될 것이라 하셨다. 당신으로부터 성령이 끊임없이 흐르므로 성령의 열매를 맺게 되는 것이다.

요한 레이크는 자신의 사역을 통해 수천 명의 영혼이 치유되는 것을 목격하였다. 그런 권능의 흐름이 어디서 오는가? 그의 간증을 들어보자.

> "나는 금식에 들어가 기도하며
> 하나님의 응답을 9개월 동안 기다렸다.
> 어느 날, 하나님의 영광이 새로이 나타나
> 내 삶은 새롭게 되었다.
> 하나님은 새로운 권능으로 내 안에 흐르셨다.

치유의 힘이 훨씬 더 강력해졌다.
오! 하나님이 내 안에 살게 되었다.
하나님이 내 안에서 나타나셨고
하나님이 나를 통해서 말씀하셨다."

예수님도 이러한 진리를 보여주셨다. 사역의 결실을 맺기 위해 예수님이 성령을 받는 것만으로는 충분하지 않았다. 성령으로 세례를 받은 후 예수님은 40일간의 금식에 들어갔다. 그 결과 예수님 안에 성령의 흐름이 더 커지게 된 것이다. 이러한 성령의 흐름이 당신의 삶을 통해 어떻게 나타나는지 보라.

놀랄만한 권위

성령의 흐름을 통해 하나님의 권위가 당신 안에 나타난다. 하나님으로부터 오는 신성한 진리는 권위가 있다. 40일간의 금식 후 예수님의 가르침에 대한 사람들의 반응은 아주 놀라웠다. "그 가르치심에 놀라니 이는 그 말씀이 권위가 있음이라"(누가복음 4장 32절). "그 입으로 나오는 바 은혜로운 말을 놀랍게 여겨"(누가복음 4장 22절). 예수님은 하나님의 진리를 뜨겁게 구했다. 사탄이 광야에서 말씀의 진리를 왜곡하고자 시도했다. 사탄은 진리의 흐름을 막아보려고 거짓말로 예수님을 유혹했다. 하지만 예수님은 진리를 알고 순종함으로써 그 속임수를 이겨냈다. 예수님은 금식의 시간을 통해 진리를 알게 되었을 뿐 아니라 진리를 자기 안에 불러들였다. 진리의 말씀을 선포하러 나갔을 때, 예수님은 명확했고 열정적이었고 단호했다.

신성한 권위를 볼 수 있는 한 가지 방법은 하나님의 말씀을 아는 것이다. 그 권위가 급류처럼 흐르게 하고 싶다면 하나님의 진리를 위해 금식해보라. 진리가 성령의 인도로 당신을 통해 흐르면 권위를 보게 될 것이다.

사바나롤라는 1491년에 플로렌스로 왔다. 그의 사역은 권능으로 폭발적이었고 도시 전체에 큰 영향력을 끼쳤다. 그가 권위의 진리를 설파했기 때문에 온 도시에 부흥이 일어났다. 그의 단호한 설교는 결국 그의 생명을 앗아갔다. 그의 권위의 비밀은 무엇이었는가? 그는 종종 금식을 했고, 성경말씀 안에서 메시지를 발견할 때까지 밤낮으로 하나님께 간구했다. 설교하기 전 금식으로 인해 몸이 자주 약해졌고 설교 강단에서 남들의 도움이 필요할 정도가 되었다. 제임스 번즈는 사바나롤라의 권위의 흐름에 대해 이렇게 증거하고 있다.

"문장들이 뛰쳐나왔다.

거침이 없고 강렬했으며 소리가 커서
하나님의 목소리처럼 들렸다.
온 건물이 그의 설교의 강력한 열정에
진동하고 흔들렸다."

권위를 가지고 진리를 선포한 개혁가들과 부흥운동가들을 보라. 그들은 하나님의 말씀을 알고 있었을 뿐 아니라, 진리를 위해 금식을 했다. 마틴 루터, 존 녹스, 요한 웨슬리, 찰스 피니 이들 모두 금식기도를 했다. 조나단 에드워즈는 강력한 권위를 가지고 설교했고 뉴잉글랜드에 부흥이 왔다. 어떻게 부흥을 보게 되었을까? 그는 하나님의 말씀을 알고 있었지만 그게 전부가 아니었다. 그 역시 금식을 했다. 그러나 단순히 금식을 하는 정도가 아니고, 금식을 너무 자주 해서 가끔, 설교하기 위해 섰을 때 균형을 잡기 힘든 때들이 있었다.

급류처럼 흐르는 성령은 당신 안에서 권위를 가지고 나타난다. 하나님 말씀의 진리를 배워 알도록 하라. 그 진리를 찾아 금식하라. 그리고 하나님의 신성한 권위의 인도 안에서 사역하라.

하나님이 오실 때

하나님의 임재는 성령의 흐름을 통해 당신 안에서 나타난다. 예수님께서 오셨을 때 분명한 하나님의 임재가 있었다. 악령들이 예수님을 "하나님의 독생자"로 불러 이를 확증했다. 베드로는 예수님의 발 앞에 무릎 꿇었을 때 자신의 죄 많음을 확신했다. 예수님 안에 나타난 하나님의 임재하심으로 인해 많은 군중이 모여들었다. 예수님은 확실한 하나님의 임재를 자신의 설교 핵심으로 삼았다. 예수님은 당신이 오심으로써 하나님 나라가 가까워졌다고 선포했다(누가복음 4장 34절, 5장 8절, 19절, 마가복음 1장 15절).

광야에서 예수님은 하나님께 자신을 바치는 헌신으로 적의 유혹을 물리칠 수 있었다. 예수님도 성부의 임재를 위해 금식했다. 그의 사촌 세례 요한도 이 진리를 알게 되었다. 요한 역시 하나님의 뜻에 전적으로 헌신했다. 그 역시 하나님의 임재를 위해 금식을 했는데, 메뚜기와 석청을 먹는 부분적인 금식이었다. 하나님의 임재가 요한에게서 아주 강력히 나타나 6개월의 짧은 기간에도 그가 사역한 온 지역에 부흥이 일어났다. 온 나라 온 사회 각계각층의 사람들이 광야로 나가 그의 사역을 경험했다. 바로 이 사역으로 성령의 권능이 예수님께 임했다(누가복음 4장 6-8

절, 마가복음 1장 5-10절).

하나님의 임재는 성령의 흐름으로 당신 안에서 나타날 수 있다. 스스로를 하나님께 바치라. 그리고 하나님의 임재를 위해 금식을 해보라. 금식은 기름부으심이 성령의 급류 같은 흐름으로 이어질 수 있는 한 가지 방법이다.

그웬 쇼는 14년 동안 선교사로 사역했으나 그녀의 사역에 하나님의 기름부으심은 없었다. 어느 날, 하나님은 중국에 있는 그녀의 교회에 한 사람을 보냈다. 이 사람으로 인해 그녀는 사람들이 하나님의 임재를 경험하는 것을 목격하게 되었다. 그녀는 이렇게 간증한다. "하나님께서 기름부음 받은 이 사람을 통해 내가 14년 동안 했던 사역보다 더 큰 사역을 14일 만에 해내시는 것을 보았다." 하나님의 임재와 사랑을 이 사역자에게서 본 그웬이 물었다. "형제여, 당신의 삶 속에 하나님의 기름부으심의 비밀은 무엇입니까?" 그의 대답은, "다른 사역자들이 하지 않은 일을 제가 한 것이 두 가지가 있습니다. 하나는, 제 삶을 100 퍼센트 온전히 하나님께 드렸고, 또 하나는 금식을 한 것입니다." 이 대답을 듣고 그웬은 자신의 첫 번째 금식을 하게 된다. 그 금식을 통해 하나님께 온전히 드리는 삶의 중요성에 대한 하나님의 음성을 들었다. 주님이 말씀하셨다. "너는 헌신의 의미를 안다고 생각하는 것 같은데, 네가 헌신하여 바친 것은 네가 모든 것을 완전히 내려놓는 일에 비하면 아무 것도 아니다. 나는 네 자신이 죽기를 바란다. 그래야 풍요로운 삶을 살 수 있다." 이 금식을 통해 그웬의 사역에는 전에 없던 하나님의 임재가 함께 하였다.

자신의 개인적 관심사를 버리라. 하나님의 뜻에 순종하여 당신의 삶을 온전히 하나님께 바치라. 그리고 금식을 통해 하나님의 임재로 들어가라. 그리하면 하나님의 기름 부으심의 속도가 증가하여 성령의 급류가 될 것임을 믿어라.

권능의 날

성령의 흐름의 또 하나의 특징은 권능이다. 예수님이 성령으로 세례를 받을 때를 성경은 이렇게 기록하고 있다.

"예수께서 성령의 충만함을 입어 요단강에서 돌아오사..."
(누가복음 4장 1절)

40일간의 금식 후 예수님은 이사야서의 구절을 인용해 나사렛 회당에서 가르치셨다. 예수님은 성령이 함께 있어 천국의 맡겨진 사역을 하고 있다고 믿었다(누가복음 4장 16-21절). 속사포처럼 연속된 사역을 해나갔다. 병자를 치료했으며, 귀신들린 자들을 해방시켰고 길 잃은 자들을 구원했으며 제자들에게 권능을 부여했다.

세례를 받은 후 예수님은 성령 충만함을 입었고, 금식 후 성령의 권능이 급류처럼 흐르게 되었다. 예수님은 믿음으로 금식하여 성령의 권능을 경험하였다. 40일간의 금식 후 요단강에서 충만했던 그 성령이 이제는 영적으로 요동치며 흐르고 있었다. 누가는 기록하고 있다.

"예수께서 성령의 능력으로 갈릴리에 돌아가시니..."
(누가복음 4장 14절)

후에 누가는 이 기름부음에 대해 또 이렇게 기록하고 있다.

"병을 고치는 주의 능력이 예수와 함께 하더라"
(누가복음 5장 17절)

어떻게 성령의 권능으로 들어갈 수 있는가? 충만함을 입으라. 신성하게 맡겨진 천국의 사역을 당신도 할 수 있다고 믿으라. 그리고 그대로 하라. 성령의 권능이 당신으로부터 흐를 것이라고 예수님은 약속하셨다. 하나님의 일을 하며 이 약속을 믿으라. 믿음으로 하는 금식은 하나님 권능의 흐름을 증가시킬 수 있는 방법이라는 것도 기억하라.

동아프리카선교단 폴 브러턴의 간증이 기억난다. 10대 아프리카인 소년 에드윈에 대한 이야기이다. 에드윈은 설교할 본문을 달라고 했다. 전혀 교육을 받지 않은 소년인지라, 교회에서는 12년 동안 학교를 다녀야 설교할 자격을 주겠다고 말했다. 이 소년은 폴에게 와서 이렇게 말했다. "내 안에 성령의 불이 있어요. 저는 설교해야만 해요. 제가 설교할 말씀을 주시겠어요?" 폴은 성경을 펼쳐 마가복음 16장을 읽어주고 말했다. "자, 이제 너에게 권위를 주마." 폴은 에드윈을 데리고 인근 마을로 갔다. 강대를 만들고 천이백 명의 군중을 모아 에드윈의 설교를 듣게 했다. 에드윈은 모인 사람들에게 외쳤다. "하나님이 오늘 나를 이곳에 보냈습니다. 저는 일주일 동안 금식기도를 했습니다. 하나님이 저에게 이렇게 말씀하셨지요. '너의 첫 사역에서 내가 기적을 베풀리라. 그리하여 네가 하나님의 일을 하기 위해 하나님의 메시지를 가지고 온 하나님의 사람이라는 것을 사람들이 믿을 수 있도록 하겠다.'" 폴은 랜드로버 지프차에서 에드윈의 설교를 듣고 있었다. 에드윈이 하나님의 의도를 지나치게 과장한 듯한 두려움에, 폴은 운전대 아래 숨어 버렸다.

에드윈은 사람들에게 계속 설교했다. "내가 하고 싶은 찬양 하나도 모르시죠. 내가 하려는 사역도 모르시죠. 그러니까, 그냥 지금 기적을 보는 게 낫겠어요." 그리고 서서

기도하기 시작했다. 기도를 마쳤을 때 사람들에게 물었다. "누가 병이 나으셨나요?" 즉시 어떤 소년 하나가 앉아 있던 자동차 덮개에서 뛰어 내려왔다. 이 소년은 한 쪽 다리가 다른 쪽보다 20센티 정도 짧은 소년이었다. 설교를 듣는 중 짧았던 다리가 20센티 자란 것이다. "저요! 저요! 제가 다 나았어요!" 에드윈이 말했다. "나는 예수님을 전하기 위해 왔다. 이처럼 다리를 낫게 해 주실 수 있는 예수님께 네 삶을 바치지 않겠니?" 317명의 사람들이 그날 밤 예수님을 영접했다.

에드윈은 예외가 아니다. 당신도 성령의 권능의 흐름을 경험할 수 있다. 예수님의 사역을 믿으라. 그리고 그 사역을 하라. 금식을 통해 그 기름부음의 흐름을 증가시키라.

강이 흐르게 하라

우리 가족이 멕시코의 몬테리로 이사하기로 했을 때, 시 전체의 지도를 보았다. 지도에는 큰 강 하나가 몬테리시 중앙을 관통해 흐르고 있었다. 그런데 도착하고 보니, 그 강이 없는 것이다. 강바닥만 남아 있었다. 수년 전 강이 말라버린 것이다. 이 도시 사람들은 이 강바닥을 여러 개의 축구장으로 개조해 사용하고 있었다. 종종 이 곳을 지날 때 말라버린 강바닥에서 하는 축구 경기로 인해 생긴 먼지를 보곤 했다.

말라버린 강바닥은 축구장으로는 쓸 만하다. 하지만 강바닥은 강을 위해 만들어진 곳이다. 모든 믿는 자들의 삶의 지도에 초자연적 힘으로 흐르는 성령의 강이 있다고 예수님은 말씀하신다. 불행하게도, 마른 강바닥만 있는 성도들이 많다. 이들의 삶에는 성령의 흐름이 없다.

만약 당신이 강바닥밖에 없다면, 열광적인 종교적 행동으로 채우려 하지 말라. 이는 먼지만 많이 일으킬 뿐이다. 하나님은 그 강바닥이 성령의 급류로 채워지기를 원하신다. 예수님이 이를 당신에게 약속하셨다. 진리의 말씀을 깨우치라. 모든 것을 온전히 하나님께 바치고 주님의 사역을 하라. 믿음으로 금식하면 하나님의 기름부으심이 점점 강하게 흐르는 것을 볼 수 있을 것이다.

Chapter 14
회복의 문

"네게서 날 자들이 오래 황폐한 곳들을 다시 세울 것이며
너는 역대의 파괴된 기초를 쌓으리니"
(이사야서 58장 12절)

영적 유령도시들

남아프리카 줄루족 출신의 윌리엄 듀마는 죽어가는 교회의 담임목사가 되었다. 그는 교회를 위해 21일간의 금식에 들어갔다. 금식 마지막 날 주의 영광이 그에게 임했다. 하나님은 듀마에게 이렇게 말씀하셨다.

"나의 종아, 저 아래 계곡에서 아름답게 피어 있는
하얀 백합 군락을 보았지.
그 백합처럼 너의 죽어가는 교회도
나에게 증인이 될 것이다.
너는 사람들이 어둠에서 빛으로
변화되는 것을 보게 될 것이다."

그가 교회에 돌아왔을 때 귀신들린 사람들이 울부짖고 있었다. 그는 하나님의 치유와 구원의 강력한 신호를 목격했다. 수백 명의 사람들이 주 앞에 나왔다. 매주 금식기도를 교회에서 진행하면서 회복과 치유가 계속 나타났다.

선지자 이사야는 오래 황폐한 곳과 파괴된 기초, 무너진 담과 거할 곳이 없는 파괴된 길들에 대해서 묘사하고 있다(이사야서 58장 12절). 여기 이런 곳이 있다. 듀마가 금식하기 전 그 교회 모습처럼, 한 때 생명이 있었지만 지금은 완전히 황폐화되어 유령도시 같은 곳. 교회들이 유령도시처럼 되어가고 있다. 시설이나 프로그램이나 출석률은 잘 운영되고 있는 듯하지만 영적 생명력은 산산조각이 난 교회들이 있다. 하나님의 움직임이 화석처럼 굳어진 교회도 있다. 조개껍데기처럼, 전에는 생명이 있었지만 지금은 아름다운 유해에 지나지 않는 교회들이다. 이것이 바로 부흥과 회복이 절대적으로 필요한 이유이다. 부흥은 교회가 다시 생명력을 얻게 될 때를 의미한다. 부흥은 교회들을 다시 세우고, 다시 새롭게 하며 치료해준다. 금식은 교회를 유령도시에서 성령의 모임으로 변화시키는 부흥의 열쇠이다. 이러한 현실을 위해 금식하고 부흥을 믿으면 분명 당신의 교회에 부흥이 일어날 것이다.

교회의 유전자

교회의 생명을 위해서 금식하라. 교회의 생명이라는 것이 어떤 것인가? 하나님의 백성에게 표출된 초자연적 생명이다. 성도들의 세상인 모임과 그리스도의 몸, 이 둘의 차이가 교회의 생명을 뜻한다. 안디옥에서 바울과 바나바는 제자들 가운데서 장로들을 뽑아 세웠다. 그리고 그들을 주님께 바치며 금식하며 기도했다. 그 금식기도 기간 동안 교회의 생명은 새로운 수준에 도달하게 되었다(사도행전 14장 21-23절).

교회는 사람들의 모임 이상이다. 기독교인의 모임이라 해도 그 이상을 의미한다. 교회는 믿는 자들의 회중에 흐르는 초자연적인 생명을 뜻한다. 교회의 생명력은 어떤 프로그램이나 기술에서 오는 것이 아니다. 교회의 생명은 천국에서 온다. 데릭 프린스는 금식에 대해 다음과 같이 결론짓는다.

"어떤 도시에 교회를 개척하는 것은
기도와 금식으로 이루어진다고 결론을 내려도 정당하다."

세계에서 가장 큰 셀 교회인 보고타시의 국제카리스마교회에서는 새로운 셀 교회를 개척할 때 교인들에게 금식기도를 명한다. 어떤 교회가 살아남고 성장하려면 초자연적 생명이 따라야 한다는 것을 그들은 이미 알고 있다. 신성한 생명은 모든 교회의 유전자인 것이다. 그들은 교회의 생명이 그 유전자에 달려 있다는 것을 알기 때문에 금식하는 것이다.

교회의 생명은 우리의 삶처럼 은혜의 산물이다. 하나님의 생명은 믿음을 가진 각 사람에게 온다. 그리고 하나님 백성들 공동체에게도 온다. 교회는 예수 그리스도의 초자연적 생명으로 태어난 기적의 공동체이다. 스가랴 4장 6절은 말씀한다. "힘으로 되지 아니하며 능력으로 되지 아니하고 오직 나의 영으로 되느니라." 하나님께서 이 진리를 환상으로 보여주신다. 이 환상에는 관으로 연결된 등잔대가 하나 보인다. 이 관들은 등잔대에서 타오르고 있는 불에 기름을 공급하고 있다. 연료로 쓰이는 이 기름은 등잔대 옆 두 감람나무에서 관들을 통해 온다. 보이는가? 교회가 생명을 지니고 밝은 빛을 발하려면 교회 밖에 있는 생명의 근원으로부터 오는 연료가 필요하다. 이 연료는 초자연적 세계에서 온다. 금식은 이러한 초자연적인 생명을 교회로 흐르게 하는데 도움이 된다.

하나님이 마헤쉬 체브다와 부인 보니에게 말씀하셔서 이들의 교회를 21일간의 금식기도로 인도하셨다. 교인들은 매일 새벽 5시부터 2시간씩 함께 기도하였다. 첫 이틀은 몇 명만 기도회에 나왔다. 어느 날 주중 저녁예배에서 한 교인이 예언적 말을 전했다. "주님이 나에게 말씀하셨어요. '내가 여기 있는데, 내 백성들은 다 어디 있느냐?'" 그 후 며칠 동안 아이들이 부모들을 깨우고 기도모임에 가라고 말하기 시작했다. 교인들이 나와서 금식하기 시작했다. 결국 모임이 점점 커져서 200명의 교인들이 모였다. 하나님의 신성한 생명의 부흥이 온 교회에 여러 주에 걸쳐 지속되어 많은 사람을 변화시켰다.

당신은 이 초자연적 생명이 교회에 들어오기를 원하는가? 그렇다면 금식하며 기도하라.

금식한 후에

초자연적인 권능을 위해 금식하라. 하나님의 권능은 성령을 부어 주심으로 함께 온다. 요엘의 말씀을 들어보자.

"그 후에 내가 내 영을 만민에게 부어 주리니 너희 자녀들이 장래 일을 말할 것이며 너희 늙은이는 꿈을 꾸며 너희 젊은이는 이상을 볼 것이며 그 때에 내가 또 내 영을 남종과 여종에게 부어 줄 것이며" (요엘 2장 28-29)

이 구절은 베드로가 강림절에 성령이 강림한 모습을 얘기할 때 사용한 구절이다. 이 성령의 부어지심은 아주 독특한 일이 아니고 마지막 때에 흔히 일어나는 일이라고 베드로는 설명했다. 우리는 마지막 때에 살고 있기 때문에 성령의 부어지심은 당신의 교회를 위한 약속이기도 하다. 베드로는 선포한다.

"이 약속은 너희와 너희 자녀와 모든 먼 데 사람 곧 주 우리 하나님이 얼마든지 부르시는 자들에게 하신 것이라 하고"
(사도행전 2장 39절)

이런 성령의 부어지심을 어떻게 경험할 수 있을까? 한 가지 방법을 요엘이 설명한다. 요엘의 말씀에 의하면 성령의 강림은 "...한 후에"라고 기록되어 있다. 자, 그렇다면, 무슨 일이 일어난 후인가? 이 구절 전에 세 번에 걸쳐 성령의 부어지심이 일어나기 위한 조건을 요엘은 기록하고 있다. 각기 다른 세 곳에서 요엘은 백성들의 금식을 요청하고 있다(요엘 1장 14절, 2장 12절, 15절). 성령은 금식 후에 부어지는 것이다.

요한 웨슬리는 일기에서 생명력이 거의 없던 어떤 감리교 교인들에 대해 말하고 있다. 이들은 매주 금식하기로 약속했다. 첫 주가 지난 후 웨슬리는 이렇게 말했다. "하나님이 아주 멋있게 이들의 삶에 들어왔다. 하나님이 하시는 일이 점점 커지고 있었다. 이웃들도 이 변화의 얘기를 듣고 같은 규칙을 따르기로 했다. 얼마 지나지 않아 이들도 같은 축복을 누리게 되었다. 웨슬리의 결론은,

"이 분명한 의무사항
(구제나 기도 같은 등급의 금식에 대한 이야기다)을
무시하는 것이 많은 기독교인들의 삶이 죽어있는 이유다.
죄책감 없이 어찌 이 의무사항을 무시할 수 있겠는가?"

웨슬리는 아주 좋은 질문을 던지고 있다. 이 열쇠가 하나님 백성에게 부어지는 성령의 흐름이라는 문을 열 수 있다. 당신의 교회가 죽어 있는데도, 이 열쇠를 무시하고 있는가?

천국이 마음을 연다

마지막으로, 열린 천국을 위해 금식을 하라. 하나님이 분명히 임재하셔서 세상도 이를 알게 된다. 일단 열린 천국을 경험하게 되면 사람들은 멀리 떨어져 있지 않을 것이다.

스가랴 8장 18-20절을 보면, 하나님이 "기쁨과 즐거움과 희락의 절기들이" 될 금식에 대해 말씀하고 계신다. 어떻게 금식이 기쁨을 가져다줄 수 있을까? 하나님 말씀에 귀를 기울이자.

"그 날에는 말이 다른 이방 백성 열 명이 유다 사람 하나의 옷자락을 잡을 것이라 곧 잡고 말하기를 하나님이 너희와 함께 하심을 들었나니 우리가 너희와 함께 가려 하노라 하리라 하시니라"(스가랴 8장 23절)

열린 천국으로 인해 하나님의 백성들이 다시 소생했다고 스가랴는 말하고 있다. 여기서 그친 것이 아니다. 회복이 다른 도시들에도 올 것이다. 많은 나라들이 하나님의 임재를 볼 것이다. 열린 천국은 주님을 모르는 사람들에게도 자석 같은 역할을 할 것이다(스가랴 8장 20-23절).

1970년 애즈버리 대학 캠퍼스에서 자발적 부흥의 역사를 목격했다. 어떻게 일반 대중 언론매체들이 우리가 집회를 연 대강당에 임재한 열린 천국에 관심을 갖고 취재를 오게 되었는지 흥미로운 일이었다. 그들은 단지 아주 특이한 사건을 취재하기 위해서 왔다. 하나님이 우리와 함께 있었기 때문에 떠나지 못하던 기자들도 있었다. 학생들의 간증을 들어보면, 그 열린 천국은 신성한 자석 같아서 사랑스러운 분위기에서 사람들을 끌어당겨 잡고 있는 듯했다. 당신의 교회에 열린 천국이 임하기를 기도하며 금식하라.

열쇠를 사용하라

부흥 없이는 교회는 말라서 시들어 버릴 것이다. 부흥은 절대 필요하다. 이 천국의 보물이 창고에 잠겨 있다. 하지만 하나님은 교회에 부흥을 보내시기를 주저하지 않는다. 모든 교회가 생명과 초자연적 권능과 열린 천국을 경험하기를 하나님은 바라신다. 하나님은 부흥의 문을 여는 열쇠를 당신에게 주고 싶어 하신다.

조지아주 사바나에 사는 다니엘 베이커는 1826년에 정기적으로 하루씩 금식기도를 하곤 했다. 어떤 묘지의 무덤 옆이 하나님을 구하던 장소였다. 금식의 열쇠를 사용하는 그의 기도로 인해 온 교회가 부흥되었고 그의 사역이 변화되었다. 그는 1857년 소천하기까지 수많은 사람들이 지속적으로 하나님을 영접하는 것을 보게 되었다.

당신은 얼마나 많이 부흥을 원하는가? 사바나롤라는 너무나 간절히 부흥을 소망하였기에 여러 번 사람들의 부축을 받으면서까지 강단에서 설교를 했다. 이 열쇠를 사용했기 때문에 몸이 많이 약해졌다. 하지만 그는 플로렌스시의 강력한 변화를 가져오는 문을 열 수 있었다. 웨슬리도 부흥을 간절히 원했기에 감리교 목사가 되기를 원하는 사람들에게 최소한 일 주일에 이틀씩 금식하라고 명했다. 그렇지 않으면, 웨슬리와 함께 사역할 필요가 없었다. 이 금식의 열쇠로 교회 역사에 소수만이 해냈던 일을 이들은 해낼 수 있었다. 그들은 50년 동안이나 이 부흥의 흐름을 유지해 냈다. 찰스 피니도 자신의 사역에서 부흥의 능력이 떨어지는 것을 느낄 때마다 금식의 열쇠를 사용했다. 그는 "금식을 통해 권능이 다시 나에게 새로운 힘으로 돌아오곤 했다"고 간증했다. 부흥을 간절히 원했기에 피니는 금식을 했고, 그는 나라를 변화시켰다.

하나님은 천국의 가장 소중한 보물이 있는 문의 열쇠를 당신에게 줄 것이다. 그 열쇠를 받을 준비가 되어 있는가? 받아서 열쇠구멍에 넣고 돌리라. 부흥을 위해 금식하라!

Chapter 15
닳아진 열쇠

"이것이 어찌 사람이
자기의 마음을 괴롭게 하는 날이 되겠느냐?"
(이사야서 58장 5절)

금식의 생활방식

내 열쇠고리의 어떤 열쇠들은 자주 사용해서 닳아 있다. 다른 열쇠들은 자주 사용하지 않기 때문에 날카롭고 반짝거린다. 자주 사용한 열쇠들은 내가 자주 가는 곳의 문을 열어준다. 금식은 닳아진 열쇠가 되어야 한다. 금식은 단 한번 일어나는 행사가 되지 않아야 한다. 어쩌면 당신은 단 한번의 40일간 금식만 했을 수도 있다. 아니면 어떤 위기가 올 때 가끔씩 금식을 할지도 모른다. 이런 열쇠는 아주 가끔 사용하거나 기억해 내는 열쇠다.

가끔씩 하는 행사로서의 금식도 가치가 있지만, 가장 큰 축복은 규칙적인 금식에서 나온다. 금식은 단지 어떤 행사가 아니다. 금식은 생활방식이다. 당신은 이런 생활방식을 안전하게 그리고 즐기며 할 수 있다. 금식의 생활방식을 육체적, 정신적 그리고 영적으로 잘 적응할 수 있도록 돕는 조언을 아래에 쓴다.

뛰어들되 천천히

신체적으로 건강하게 금식하라. 한 번도 금식을 한 경험이 없다면 천천히 당신의 생활 안에 적용시켜라. 하나님이 당신에게 명령하지 않는 이상, 첫 번째 금식을 40일 금식으로 시작하지 말라. 대신 하나님께 천천히 금식의 문을 열어달라고 기도하라. 당신의 몸이 적응할 수 있도록 시간을 가져라. 한 끼 금식부터 시작하라. 그 다음 주에는 하루 금식을 하고, 몇 주 후에는 3일 금식을 시도해 보라. 보통 3일 금식을 한 후에는 식욕을 이길 수 있고 카페인에 의한 두통을 넘어갈 수 있다. 몇 달 후에는 5일 혹은 10일간 금식을 시도해볼 수 있다. 당신의 금식이 생활방식이 되도록 하나님께 전략을 여쭈어보라. 그리고 물을 충분히 마셔라. 금식 중에는 몸 안에 있는 독소들이 배출돼 나온다. 충분한 물로 그 독소들을 몸 안에서 몰아내야 한다. 오랜 기간의 금식을 중단할 때도 물을 많이 마셔라.

금식을 중단하는 것은 금식의 중요한 신체적 관점이다. 아주 조심스럽게 금식을 중단해야 한다. 3일 금식을 중단할 때는 바로 보통 식사습관으로 돌아가도 된다. 하지만 금식을 중단하고 바로 과식하지 말라. 4일이 넘는, 21일 혹은 40일 금식 같은 긴 금식을 했을 때는, 천천히 중단해야 한다. 금식 기간에 따라 며칠 또는 몇 주에 걸쳐 음식 섭취량을 서서히 늘려야 한다. 과일로 시작해서 채소 혹은 고기가 없는 죽이나 국으로 한다. 금식을 중단하는 과정에 물을 충분히 마셔라. 긴 금식을 중단하는 과정은 아주 중요하다. 잘못하면 신체적 문제와 극심한 고통을 겪을 수도 있다. 충분한 시간을 가지고 정상적 식사습관으로 돌아오라.

식욕의 고삐를 당겨라

식욕을 통제하는 법을 배움으로써 금식의 생활을 개발해나갈 수 있다. 식욕과 배고픔은 아주 다르다. 금식 중의 음식에 대한 열망은 배고픔에서도 오지만 식욕에서 오기도 한다. 허기는 당신이 음식을 안 먹었을 때 오는 몸의 생리적 반응이다. 식욕은 음식에 대한 정신적 반응이고 이것이 신체적 열망을 이끌어 낸다. 이런 이유로, 당신은 배가 부르고 배고픔이 해결되었을 때도 아이스크림에 대한 식욕이 있을 수 있다.

긴 금식 중에는 당신이 정신적 신호에 더 이상 응답하지 않기 때문에 식욕에 구애받지 않는다. 금식한 후, 어떤 음식 혹은 과식에 대해 "아니다!"라고 대답하여 식욕을 조절하라. 금식한 후에 식욕에 대해 제동을 걸지 않으면 식욕이 당신에게 복수를 할 것이다. 그렇게 되면, 두 번째 금식을 시작하기 더 어려울 것이다. 금식 후에 스스로 훈련을 하라. 몸에 좋지 않은 음식과 과식에 대한 생각을 잘 통제하라. 그러면 당신의 몸무게가 급히 복귀되는 것을 막고 다음 금식을 더 쉽게 시작할 수 있을 것이다.

적을 조심하라

영적으로, 당신을 무찌르려는 적들의 계략을 이해하면 금식생활을 시작하는 데 도움이 될 것이다. 금식이 천국의 엄청난 영적 자원의 문을 열 수 있기 때문에, 사탄은 당신이 금식의 열쇠를 쓰지 못하게 만들기 원한다.

금식하기 전에 적들은 당신이 금식을 하지 못하게 혹은 믿음에 대해 집중하지 못하게 방해하고 혼란시킬 것이다. 금식하는 중에는 하나님이 정해준 시간 전에 금식을 중단하도록 유혹할 것이다. 이것은 예수님이 광야에서 금식을 하실 때 사탄이 썼던 똑같은 수법이다(마태복음 4장 3-4절).

만약 당신이 금식을 생각보다 일찍 중단했다면 너무 부끄럽게 생각하지는 말라. 이것 역시 적이 사용하는 무기다. 사탄은 부끄러움을 사용해 당신이 다시 금식하지 않도록 만들려는 것이다. 부끄러움에서 헤어나지 못하기보다는 하나님께 용서를 구하라. 그리고 다음 금식을 위해 준비하라. 금식을 일찍 중단하는 것은 용서할 수 없는 죄가 아니라는 것을 명심하라. 금식은 전부 아니면 전무인 행사가 아니다. 금식은 발전해나가는 생활방식이다.

금식 후엔 적의 또 다른 두 가지 무기를 조심하라. 우울증이 올 수도 있다. 금식이 아무 쓸모없었다는 생각을 하지 말라. 그것은 금식의 혜택을 빼앗기 위한 사탄의 계획이다. 믿음을 가지고 금식이 주는 이득을 굳게 지켜라.

영적 자만심을 피하라. 사탄은 당신이 아주 훌륭한 일을 했다고 생각하게 만들어 유혹할 수도 있다. 당신의 영적 우수함을 뽐내기 위해 금식하지 말라. 모든 것은 하나님의 은총을 통해 온다. 금식은 그저 하나님의 은혜를 더 받을 수 있도록 당신의 영을 깨우는 것이다. 금식은 당신에 대한 것이 아니라 예수님에 대한 것이다.

금식의 생활을 통한 유익

이 책에 소개되어 있는 대부분의 금식 경험은 극적이다. 이런 일화들을 선택한 이유는 현미경으로 보는 것처럼 당신이 더 잘 볼 수 있도록 돕기 위해서다. 금식의 결과들을 확대해서 더 자세히 볼 수 있게 하기 위해서다. 당신의 금식이 극적이거나 아니면 조용하거나에 상관없이 그 유익은 항상 풍요롭다. 나도 가끔은 금식을 통해 극적인 결과를 경험하기도 했고, 때로는 성령의 조용한 사역을 보기도 했다. 금식생활에서 오는 기쁨은, 각각의 금식에 대해 주님이 각기 다른 방법을 사용하시는 것을 볼 수 있다는 것이다.

마지막으로 극적인 간증을 하나 더 나누고 마치려한다. 이것은 윌리엄 듀마의 첫 금식에 대한 이야기다. 이 금식을 통해 결국 그는 금식의 생활로 인도되었다. 21일간의 금식 중 마지막 날, 듀마는 동이 트기 전 하나님을 예배하기 위해 언덕을 올라갔다. 아주 추운 날씨 때문에 외투를 뒤집어쓰고 있었다. 갑자기 따뜻해지기 시작해서 그는 해가 떴다고 생각하였다. 그가 외투 밖으로 눈을 돌렸을 때 자신이 눈부신 빛 가운데에 있다는 것을 발견했다. 그것은 바로 하나님의 영광이었다. 듀마는 그 광경을 이렇게 묘사했다.

"빛나는 금의 장막이 땅에서 조금 위에 걸려 있었고 내 검은 몸을 완전히 에워싸고 있었다. 내 손은 더 이상 흑갈색이 아닌 금빛을 띠고 있었다. 동이 트기 전 아직 밖은 어두웠다. 언덕배기만 금빛 원으로 둘러싸여 있었다. '주님이 이곳에 계시는 구나. 나는 자격이 없는데...'라고 생각했다."

이 만남 후, 하나님은 듀마에게 그의 삶과 목회에 대해서 구체적으로 말씀하셨다. 하나님의 영광의 빛이 그에게서 빛나는 모습으로 그는 언덕에서 내려갔다. 이 경험 후 그는 바로 금식생활과 천국의 목회를 시작했다.

금식의 생활을 통해서 하나님을 구하라. 하나님의 보이는 영광을 보든지 보지 못하든지, 당신은 하나님과 만날 것이다. 금식의 이유는 바로 예수 그리스도다.

하나님은 천국의 가장 소중한 보물이 있는 문의 열쇠를 당신에게 줄 것이다. 그 열쇠를 받을 준비가 되어 있는가? 받아서 열쇠구멍에 넣고 돌리라. 부흥을 위해 금식하라!

금식, 당신이 잃어버린 황금열쇠

초판인쇄 2012년 2월 28일
초판발행 2012년 3월 12일
지은이 마크 나이스원더
옮긴이 박갑용
펴낸이 강인중
펴낸곳 라이트하우스
주 소 서울 마포구 마포동 현대빌딩 1114
출판등록 1995.2.24 제 10-1118호
전 화 (02) 711-7436
팩 스 (02) 719-8451
이메일 btm7120@hanmail.net
ISBN 978-89-92664-02-8-03230

값 8,000원

* 잘못된 책은 구입하신 서점에서 바꾸어 드립니다.

No. 8 3/16-3